NOTRE INDÉPENDANCE

NOTRE INDÉPENDANCE
28 Québécois s'expriment

COLLECTIF
Sous la direction de Catherine Fillion-Lauzière

Stanké
Une société de Québecor Média

Catalogage avant publication de Bibliothèque et Archives nationales du Québec et Bibliothèque et Archives Canada

Vedette principale au titre :
  Notre indépendance : 28 Québécois s'expriment
  ISBN 978-2-7604-1103-6

  1. Québec (Province) - Histoire - Autonomie et mouvements indépendantis
tes. 2. Québec (Province) - Conditions sociales - 21e siècle. 3. Québec (Province) -
Romans, nouvelles, etc. 4. Québec (Province) - Poésie. I. Fillion-Lauzière, Catherine.

  FC2926.9.S4N67 2012   971.4'05   C2012-941601-0

Direction de l'ouvrage : Catherine Fillion-Lauzière
Édition : Romy Snauwaert
Révision linguistique : Serge Paquin
Correction d'épreuves : Johanne Viel
Couverture : Chantal Boyer
Grille graphique intérieure : Axel Pérez de León
Mise en pages : Louise Durocher

Avertissement
Les idées exprimées dans cet ouvrage sont celles des auteurs et ne reflètent pas nécessairement l'opinion de l'éditeur.

Remerciements
Nous reconnaissons l'aide financière du gouvernement du Canada par l'entremise du Fonds du livre du Canada pour nos activités d'édition.
Nous remercions le Conseil des Arts du Canada et la Société de développement des entreprises culturelles du Québec (SODEC) du soutien accordé à notre programme de publication.
Gouvernement du Québec – Programme de crédit d'impôt pour l'édition de livres – gestion SODEC.

Les Éditions internationales Alain Stanké
Groupe Librex inc.
Une société de Québecor Média
La Tourelle
1055, boul. René-Lévesque Est
Bureau 800
Montréal (Québec) H2L 4S5
Tél. : 514 849-5259
Téléc. : 514 849-1388
www.edstanke.com

Dépôt légal – Bibliothèque et Archives nationales du Québec et Bibliothèque et Archives Canada, 2012

ISBN : 978-2-7604-1103-6

Distribution au Canada
Messageries ADP
2315, rue de la Province
Longueuil (Québec) J4G 1G4
Tél. : 450 640-1234
Sans frais : 1 800 771-3022
www.messageries-adp.com

Diffusion hors Canada
Interforum
Immeuble Paryseine
3, allée de la Seine
F-94854 Ivry-sur-Seine Cedex
Tél. : 33 (0)1 49 59 10 10
www.interforum.fr

À tous les Québécois.
Mais surtout à ceux qui hésitent.

SOMMAIRE

« Le Québec est mort, vive le Québec ! »
Loco Locass, 2012

AVANT-PROPOS

Au lendemain de la cuisante défaite du Bloc québécois aux dernières élections, je me suis demandé ce qu'il restait de l'idée d'un pays du Québec. J'ai eu envie d'inviter mes concitoyens à s'exprimer sur leur façon de voir l'indépendance de notre province, plus de quinze ans après le référendum de 1995. J'avais besoin de savoir ce qu'elle évoque chez eux, de sonder l'imaginaire collectif, pour prendre le pouls, pour briser l'isolement.

D'ailleurs, je n'ai pas été la seule à ressentir l'onde de choc. Car il y a un souffle, actuellement, dans nos rues, sur la place publique. Peut-être les Québécois sont-ils en train de prendre la décision d'aller au bout de leurs convictions, pour mettre un terme à l'ère où, les mains sur les deux oreilles, ils étaient désintéressés, parce que au chaud dans la bulle de ouate d'un niveau de vie matérielle généralement enviable qui dilue leurs réflexions politiques. En effet, je constate que vous êtes nombreux à vouloir remédier au vide ambiant. À vouloir réveiller ceux qui somnolent dans le confort du *statu quo*, à l'ombre de la feuille d'érable, en croyant que faire le pas vers plus de clarté n'est qu'un mirage parce que d'apparence incertaine.

Voilà pourquoi j'avais besoin de vous parler, et de vous entendre. En chanson, en poème, en chronique, en conte, en nouvelle, en humour. Ce n'est pas un bulletin de vote référendaire, ce n'est pas une Constitution non plus, mais c'est certainement l'originale expression d'une prise de conscience collective, bien inscrite dans l'ère vivifiante, « politisatrice » et « québéquisante », du Printemps érable.

CATHERINE FILLION-LAUZIÈRE

1

TON MARI CANADA

Hubert Lemire

Alors, Québec. Tu t'es mariée il y aura bientôt cent cinquante ans. Non mais, à l'époque, vous n'étiez pas nombreux, vous preniez le premier du bord dans le rang d'à côté, pis vous le mariiez. Vous n'aviez pas vraiment le choix, hein ? Un mariage de raison, donc, une affaire de stratégie territoriale. Unir les êtres pour mieux unir les avoirs. O.K. Raison valable.

Ton mari s'appelle Canada. En 1867, Canada promettait d'être grand – il l'est devenu. Canada promettait de devenir fort – il l'est devenu – *God bless him*. Canada aurait une grosse maison qui irait d'un océan à l'autre. Tu étais tout impressionnée sur le coup, tu t'en rappelles ? Puis Canada parlait un anglais impeccable, gros avantage, tu te disais, tu allais devenir *big*, internationale, pis vos enfants seraient bilingues, uniques, forts. Un superplan, ben oui. Tu étais contente, en 1867.

Aux noces, tu ne savais pas trop dans quoi tu t'embarquais. Quand le curé de la paroisse, par les pouvoirs qui lui étaient confédérés, a dit à Canada qu'il pouvait embrasser la mariée, Canada t'a pas embrassée. Petit frette dans l'église. Pas de bec pour Québec. Même pas un p'tit bec. Encore moins un *french*, ben non, voyons : *Canada doesn't speak French*. Une poignée de main. Ouain… la lune de miel va être longue, tu t'es dit.

La réception qui a suivi la cérémonie n'a pas fini tard. Canada se couche de bonne heure.

Les autres pays du monde, eux, regardent votre union avec envie.

Quelle vastitude, dit-on dans toutes les langues !

Que territorio, que riquezas ! Et quelle dot elle amène, la mariée ! Oh ! Putain ! Voyez ces forêts tellement touffues qu'on dirait, vues d'en haut, un immense tapis vert, et cette cour arrière qui va jusqu'à Kuujjuaq, quel terrain de jeu pour la marmaille ! Et ce corps qu'elle a, la mariée, irrigué de rivières puissantes, de lacs imposants, d'une voie maritime large comme dix fleuves d'Europe. De l'énergie pour tout un continent ! Assez d'eau douce pour que Canada arrose son *driveway all the way.* Une basse-terre fertile, véritable garde-manger pour toute la famille, même élargie. Du génie artistique, culturel, entrepreneurial à en faire baver Vegas, un peuple débrouillard qui compterait bientôt huit millions d'âmes vouant aux droits humains un respect peu égalé dans le monde. Huit millions d'âmes pacifistes, accueillantes, ouvertes, tolérantes… Vraiment, une dot en or dont Canada se dote.

Lui, en échange, te donne… son nom de famille. On t'appelle désormais Canada, avec l'accent sur le premier « a ». *Canada.* Pour bien évacuer toute parcelle amérindienne dans la sonorité. Pour bien contourner, du coup, toute allusion francophone. *Just Canada.*

T'aimes pas trop ça. En femme moderne, tu demandes de garder ton nom de jeune fille : Québec. Canada ne veut rien entendre.

Devant la visite, tu insistes. En cachette, tu dis aux invités : « Non, non, moi, c'est Québec. » Eux non plus ne comprennent pas ton manège. Au final, t'abandonnes. Tu veux pas trop t'obstiner, hein, Québec ? T'es pas comme ça. T'aimes pas ça, la chicane. Tu préfères ravaler, c'est moins de trouble.

Vous faites des enfants, Canada et toi, qu'on appelle Québécois. Canada fait aussi des enfants avec d'autres femmes, des maîtresses de province, qu'on appelle *Canadians*. Les *Canadians* sont grassement nourries, à même ta dot. Tu cries à l'injustice. Les maîtresses, elles, sont bien contentes et ne parlent pas trop fort. Canada les aime pour ça.

En femme accueillante et ouverte, tu cherches à créer des liens avec les enfants des maîtresses de ton mari. Tu leur ouvres tes portes. Ils s'installent chez toi. Ils adorent *Montreal*. Tu les approches, les salues : « Bonjour, je peux vous aider ? » Ils te répondent qu'ils *don't understand* avec un tel mépris que rapidement tu t'excuses et te reprends : « *Sorry. May I help you ?* » Puis, oui, tu les aides. À t'assimiler.

Quand tes enfants, eux, reviennent de l'école, tu fais ce que tu peux avec le temps que tu as. Tu leur racontes des histoires de « poissons-scies » qui n'aiment pas les raies. Tu insistes sur le fait que le participe passé employé avec « être » s'accorde pratiquement toujours, alors qu'avec « avoir » ça dépend d'où se trouve dans la phrase la réponse à la question : quoi ? Tes enfants te boudent, ne veulent rien entendre. En épelant « des oignons », ils se mettent à pleurer et maudissent ce « i » incongru, dressé comme une tour Martello qui humilie leur logique d'enfant. Face à leurs larmes, tu arrêtes de couper les oignons en quatre, fais passer tes marmots à table.

Ta relation avec Canada demeure platonique, ou presque. Vous faites à peine l'amour. En fait, lui dit

« *Fésons l'amur* », et toi : « Ouain, c'est ça, je vais me faire fourrer. » Mais il n'aime pas ça, Canada, quand tu dis ça, « me faire fourrer », ça le fait débander. Fait qu'il te dit : « *Hey! watch your language!* »

Tu réponds : « Heille ! Je fais juste ça, "watcher" mon *language*, depuis que je suis avec toi. » Il répond : « *Show a little respect.* » Tu dis : « Je t'en donne tellement, du respect, que je n'en ai plus pour moi. »

Tu ne sais pas ce qui te pogne tout d'un coup, mais le morceau sort d'une traite : « Je pense qu'on serait mieux de se laisser, Canada. On est trop différents. Nos valeurs ne sont pas les mêmes. Nos enfants sont malheureux, tiraillés entre nous deux. Ils ont peur de toi, de tes politiques. Ils ont honte de toi, Canada, pays pilleur, pays pollueur, pays égoïste. Ils ont honte de tes guerres, honte de ton manque de considération pour la culture en général, la tienne en particulier, si ennuyante soit-elle. Laisse-moi la garde des Québécois, Canada. Je n'exigerai même pas de pension alimentaire, rien. Je vais être correcte, j'ai déjà tout ce qu'il me faut. »

Là, Canada rit : « Ah ! Ah ! Tu n'oseras jamais, Qwebec. Sans moi, tu n'es rien, *you little bread.* »

Le coup du petit pain, encore. Tu fais comme s'il n'avait rien dit, puis tu continues : « Je le sais, ça va être bizarre sur le coup, c'est sûr, mais la poussière va finir par retomber. Soyons juste amis, O.K. ? Amis et voisins. Ça va être superpratique, en plus. Tsé, comme les Américains sont nos amis et voisins ? Pis des bons voisins, là, qui s'entraident pis toute. Tu viendras sonner chez nous quand tu manqueras de sucre pour tes muffins Tim Hortons, ça me fera plaisir de t'en donner. Ou bien quand ta connexion internet de Bell plantera, ça me fera plaisir de te refiler mon mot de passe Vidéotron pour une couple de jours. Vraiment. Pis même, rendus là, on pourra toute se dire ça en anglais, ça aussi, ça va me faire plaisir. »

Là, Canada sort du lit en murmurant – tu as mal compris, mais ça sonnait comme: «*Go fuck yourself.*» Puis il part coucher chez Alberta, sa maîtresse préférée. Tu restes là, pantoise. Tu te mets à pleurer à ton tour. Tu n'es pas habituée de te vider le cœur, hein, Québec? Là, tu te sens coupable. C'est normal, tu as été élevée comme ça. «Tsé, il est parti. Je me sens vraiment mal, là, pauv'ti. C'est vrai, tsé, sans moi, y s'en remettra jamais… Pauvre Canada.»

Quelques mois plus tard, une guerre éclate de l'autre côté de l'océan. On l'appellera Seconde Guerre mondiale. Canada s'en mêle et gagne. Retour en grande pompe des troupes. «Voulez-vous coucher avec moi ce soir?» Et les bébés naissent à la pelle au Québec. Des Diane, des Nicole, des Suzanne. Des Yvon, des Jean-Louis, des Raymond. Québec a une nouvelle face. On chante que la moitié des gens n'ont pas trente ans, que les femmes font l'amour librement. Toi aussi, Québec, tu veux faire l'amour librement.

En 1980, tu vas aux urnes. Canada capote. Il voit ce que ton départ lui ferait perdre. Mais il a besoin de toi, lui. Il est dépendant de toi. Gros chantage émotif. Il te fait des promesses, te dit qu'il va changer. Il se pogne même un cours de français accéléré pour être capable de te dire «Québec, je t'aime» sans avoir l'air trop débile.

Québec, je t'aime… Tu craques. En cent treize ans de mariage, il t'avait jamais dit ça. Fait que toi, épaisse, tu le crois. Tu arrêtes les procédures.

Depuis ce jour-là, la relation entre Canada et toi est à couteaux tirés. À longs couteaux tirés. Vous faites désormais chambre à part. Lui, sa chambre a une constitution normale, à l'étage. La tienne est au sous-sol, tu te sens en otage.

Maintenant, quand Canada part en voyage dans le monde pour rencontrer Jakarta, New York, Pékin, il t'embarre là, dans ta chambre au sous-sol, après t'avoir soigneusement crissé une grosse paire de bas blancs de chez Costco dans yeule pour être sûr que tu ne cries pas trop fort tes idées progressistes, ces idées-là que le monde entier a besoin d'entendre, celles qui prouvent que oui, en Amérique, ça existe, un peuple soucieux de son environnement. Pas hippie : soucieux de son environnement, de ses générations futures. Un peuple fort, bien né, pas prématuré, pas en pleine croissance : bien né. Très évolué au plan des droits de la personne, tellement que même ses gays et lesbiennes sont plus fiers d'être gays ou lesbiennes que d'être canadiens.

La face du monde entier est impatiente de te rencontrer, Québec.

Et c'est justement pour ça que Canada te séquestre et te bâillonne.

En 1995, là, tu n'en peux plus.

Mais encore une fois, pour une raison qui m'échappe, tu abandonnes encore.

Je me souviens, à cette époque-là, j'avais douze ans.

Je suis allé te voir, le lendemain, dans ton sous-sol, tu te rappelles, puis je t'ai demandé :

« Pourquoi tu ne t'es pas libérée, maman ?

— Parce que je n'ai pas eu le courage. Tu sais comment je suis, je ne supporte pas l'idée de faire de la peine à quelqu'un…

— Mais te rends-tu compte, maman, que ton manque de courage, tu me le lègues et que c'est moi maintenant qui porte le fardeau de cette honte, celle d'être petit à perpétuité, dans l'ombre d'un pays rétrograde ? »

Tu t'es mise à pleurer, désœuvrée, déconcrissée par le miroir que je t'ai tendu.

« Pardonne-moi, mon enfant. J'ai trop peur de perdre mes avoirs, ceux qu'on a accumulés, Canada et moi, depuis cent cinquante ans.

— C'est à mon tour, maman, de te donner une leçon de grammaire. Si tu veux t'en sortir, il faut arrêter de conjuguer toutes tes phrases avec avoir. "Avoir", tu me l'as expliqué quand j'étais enfant, c'est compliqué. Il faut se poser des questions. Avoir quoi ? Placé où, avant ou après la crise économique, dans quel compte ? Non. Avoir, c'est pas le bon verbe. C'est avec "être" qu'il faut conjuguer, maintenant. Avec "être", on accorde toujours, hein, peu importe où sont les avoirs. »

Avec être, on s'accorde un pays. Avec être, tu vas pouvoir dire : « Je suis libre. »

2

NOS CINQ SAISONS, EN CAHIER CANADA

Catherine Fillion-Lauzière

Exquise soirée de septembre. L'air est tiède et doux. Le soleil s'est éteint, soufflé par la pénombre bleutée d'un été indien. Assise seule à la table des jardins d'un restaurant italien de la rue Sherbrooke, je muse, satyre, le regard faussement égaré, bercée par le brouhaha urbain, l'oreille attentive aux dialogues qui se tissent autour de moi.

À la table voisine, trois personnes. Un homme et deux femmes. Ils échangent en français, ce qui surprend le jeune serveur qui, des souliers Puma sous ses pantalons noirs, leur apporte des *bellini*. Instinctivement attirée par la résonance de ma langue maternelle, mon aire de Wernicke reconnaît la conversation du trio parmi le concert de voix du bistro bondé. L'homme a un accent anglophone. À ses côtés, l'une des femmes a un accent parisien et l'autre, à mon oreille, n'en a pas. Bien sûr, en France, on lui aurait vite reconnu le timbre d'une cousine transatlantique.

Je m'amuse à leur deviner des carrières. Tous des professeurs universitaires. J'ai donc à côté de moi des intellos de McGill, de la Sorbonne et de l'UdM. Ou de l'UQAM, tiens, pourquoi pas? On ne parle pas assez de l'UQAM, si ce n'est de son complexe de l'îlot Voyageur.

Ils s'expriment bien et fort. Ils débattent, clairement. L'homme, les joues enflammées, a sorti les armes, ses postillons. Son interlocutrice le lui rend bien, défensive. Pendant ce temps, la Parisienne, elle, fume, silencieuse, amusée par les propos de ses confrères montréalais. Je comprends vite l'enjeu au cœur de cette production de salive. Comme à roche, papier, ciseaux, j'imagine leurs poings cachés dans le dos, lui, tenant une feuille d'érable, elle, une fleur de lys. Face à face, au compte de trois, ils ramènent leur main devant. Et j'imagine le ROC, vainqueur, casser la paire de ciseaux qui aurait voulu le couper en deux.

L'homme s'exclame: «Mais vous êtes bien, ici! Qu'est-ce qui ne va pas? Et puis… vous parlez de défendre une culture, mais quelle est-elle donc, cette culture? Il y a le français, O.K., et sinon quoi, *Sayleen Deeyon*? La poutine?»

Je roule des yeux et souris. Ah, Céline… la poutine… Toujours lancées au milieu des fauves. À leur table aussi, la boutade du prof de McGill, trop souvent entendue, tombe à plat, et la Française, hors sujet malgré elle, demande: «Dites donc, qu'est-ce que c'est, la poutine?»

Amusée par ces hommeries, je ris un peu.

Depuis les haut-parleurs du jardin s'échappe, magnifique, une mélodie d'opéra qui ne m'est pas inconnue. Je me concentre sur la voix de soprano et distingue les paroles, en français. Je devine Marie-Josée Lord dans son interprétation de l'*Air des bijoux* et ferme les yeux, l'espace de quelques secondes, ravie.

Sur ma table, une assiette de salami, mortadelle, *capicollo* et *prosciutto*. Du parmesan et du *pecorino* aussi. Des olives. Je déteste les olives. Une bouteille d'Eska (j'ai renvoyé la bouteille de San Pellegrino pour lui préférer la source de Saint-Mathieu) et un verre de Brunello. J'adore le Brunello. Ou, plus honnêtement, toute consommation alcoolisée avalée trop vite en fin de journée.

Mes yeux, fixés sur l'assiette de charcuterie, ont faim. Je songe aux risottos et aux aubergines farcies à la mozzarella di buffala des cuisines maison de la banlieue de Florence. Je songe aussi au bonheur de retrouver ce goût ici. Il s'est établi un peu partout dans les petits et les grands quartiers de ma métropole. Il n'est plus seulement qu'italien, ce goût, maintenant. Il a des nationalités multiples, dont la mienne. Il n'y a pas de contradiction à dire qu'il s'agit d'un goût de Toscane bien de chez nous. Comme les effluves de cari, de gingembre, de citronnelle et de coriandre des cuisines néo-québécoises, dont mes favorites issues des petits restos de quartier dans Villeray ou dans la Petite-Apatrie.

Le ventre avide de ces mille effluves, résonnent en moi les grouillements de l'appétit, mais aussi les mots de l'homme au poing rouge et blanc : « Qu'est-ce qui ne va pas, ici ? Et quelle est-elle donc, cette culture ? » Le discours de mon estomac l'emporte et je ramène mon attention aux délices placées sur la table.

Au même moment, le regard du professeur de McGill se pose sur moi. Derrière ses lunettes canadiennes-anglaises, il croit me voir prendre une bouchée de poutine et entendre Céline Dion lancer, magistrale, la dernière note de l'*Air des bijoux*.

***

Quelques semaines ont passé depuis mon pèlerinage dans l'un des sanctuaires québécois de la bonne bouffe, sauce anglo-italienne, niché parmi tant d'autres dans l'ouest du centre-ville de Montréal. Cette fois rapatriée dans mon antre, l'avenue du Mont-Royal, je fais de la vitesse à Bixi. Octobre resplendit, ce qui est assurément un pléonasme. L'air frais m'enroue, même si j'ai pris soin de la glorifier dans un foulard palestinien. De toute façon, les « rhubes » des changements de saison sont inévitables, et j'ai appris à les affectionner. Surtout les voix voilées, un peu cassées, que le virus répand avec plus de succès chez le sexe pourtant dit fort. Peut-être pour se jouer de nos hommes, qui le confondent avec la grippe.

Arrêtée à un feu rouge, je retire le stylo qui retient mes cheveux en toque sur ma nuque. Je m'inscris une note sur l'avant-bras pour ajouter à mon cahier Canada, que j'ai transformé, ironiquement, en modeste encyclopédie allégorique du Québec, entamée par un vendredi soir de *chicha* épicée : « *Grippe d'homme* » : *rhume québécois. Petite nostalgie du bûcheron, duquel ne reste plus qu'une version métrosexuelle de la chemise carreautée.*

Le feu passe au vert. Je reprends mon élan, première du peloton de vélos montréalais facilement reconnaissables à leur maillot argent et rouge. L'été indien, notre cinquième saison autochtone, s'est envolé dans sa boucane, fumant symbole de ses origines. Il a laissé place, galant, aux couleurs vives d'un automne flamboyant : les présentoirs extérieurs des fruiteries de l'avenue se sont maquillés aux mêmes fonds de teint que les feuilles d'érable qui, passées du céladon au marron, affichent maintenant des pommettes toutes d'écarlate, d'orangé, de violet et de vert impérial. Les caroténoïdes, les poivrons, les pommes de terre, les betteraves, les courges musquées, les gousses d'ail, les citrouilles et les oignons espagnols jouent du coude dans de grands sceaux de bois. À l'intérieur, les sacs de noix et les confitures de bigarades ont le nez collé aux vitrines. Dans les cafés aussi, la poutine est à l'honneur : chocolats chauds, thés noirs, thés rouges, croustades aux pommes, *cupcakes* au beurre d'arachide, rôtis de porc, crèmes d'asperge, patates douces et raviolis farcis à la citrouille.

J'aimerais m'arrêter à chaque tableau noir, à chaque chevalet, pour y lire les menus, élégants, qui portent la craie blanche en pattes de mouche comme un nœud papillon. Mais le temps me manque. Après avoir dévalé l'avenue à grande vitesse et viré au sud, je menotte le vélo et j'achète, à un kiosque extérieur, un panier de fleurs d'automne : chrysanthèmes, bergénies et linaires. Puis, en catastrophe, le visage essoufflé en partie camouflé par le gigantesque présent que je confie au vestiaire, je pénètre dans la salle Pierre-Mercure et repère la famille de mon amie, venue assister à sa collation des grades.

La cérémonie est aride, parce que longue. Cependant, une chose m'empêche de me faire menuisière pour cogner des clous, si ce n'est le bonheur de voir la tête fière de la presque p'tite sœur dans son mortier : je parle du défilé de Joseph, Diallo, Mbacké, Traoré, Lumumba, Ebanga, Benaissa, Benkacem, Nasser, Liu et Wang. Je ne suis plus certaine de savoir si j'applaudis les nouveaux diplômés qui s'avancent à la queue leu leu ou le maître de cérémonie qui prononce parfaitement bien leurs noms en leur remettant le parchemin.

Sur scène, les invités d'honneur assis sur des chaises, le dos bien droit, drapés de bleu, forment comme un relief dans le décor de la même couleur. Et je suis impressionnée par ce paysage que j'ai devant les yeux. Tout ce ciel : ces Néo-Québécois instruits ici, par la plus grande école de gestion francophone au monde. *Made in Quebec.* Car je les regarde, ces bacheliers, et je ne vois pas de nations différentes sous les mortiers. Je n'en vois qu'une.

Et je me rends compte que mon sentiment est triste. Je suis triste d'être impressionnée, voire surprise, par ce que je vois. Et je rêve d'un jour où je ne m'enorgueillirais plus d'une collation des grades qui ne fait au fond que me prouver le bien-fondé de notre existence. Je rêve au miroir du pays qui nous renverrait toujours notre image, sans plus jamais nous faire sursauter de surprise en nous y voyant de trop rares fois.

Alors me vient en tête – comme souvent, d'ailleurs – une image saugrenue, mais pertinente.

J'imagine le prof de McGill de l'autre soir, en robe de chambre rouge et pantoufles blanches, debout devant le lavabo de notre salle de bains :

« Qu'est-ce qui ne va pas encore, mon amour ?

— Ce qui ne va pas… Ça fait deux fois que je te demande de changer le miroir !

— Mais qu'est-ce que tu racontes, il est parfait, ce miroir. On te voit très bien, regarde. Dans ton déshabillé bleu, assise juste derrière moi.

— Idiot. Je suis debout. Directement à côté de toi. »

Du coup, j'ai une pensée pour la mise en garde, profondément ennuyeuse, apposée sur les rétroviseurs de nos voitures, et pourtant poignante lorsque je circule dans le cortège des véhicules de marque Feuille d'érable : *Objects in mirror are closer than they appear.* Frustrée d'être tenue de m'arrêter à un feu rouge que je vois vert, dans la voie bloquée par ce véhicule immatriculé en Alberta, me prend une forte envie de quitter le siège du passager, de prendre le volant et d'effectuer un dépassement. Les cheveux dans le vent. En déshabillé bleu.

Perdue dans mes réflexions et souriant à l'idée d'un tel scénario, je ramène le bleu de mes pensées à celui des toges sur la scène qui s'agite, la remise de diplômes étant terminée.

Explose alors dans la salle un feu d'artifice de mortiers. Emportée par la fébrilité de la foule qui m'entoure, je m'amuse à imaginer que le tonnerre d'applaudissements est destiné non seulement aux succès des bacheliers, mais aussi à leur reflet plus significatif encore dans un miroir qui serait neuf.

***

Octobre a dû partir, parce que toute bonne chose a une fin. Novembre s'en est allé aussi, glissant vers la sortie dans ses propres torrents de pluie. Décembre a fait scintiller ses arbres de Noël, mais pas devant la colline parlementaire – éteinte par trop de débats sur la place de la « religion » dans nos institutions –, et alors le vent s'est mis à souffler fort, très fort, pour donner naissance à janvier et à une nouvelle année.

Le froid me mordille les joues, plus taquin que glacial. Le soleil du petit matin règne sur son royaume blanc. Et moi, je déblaie mon pare-brise avec mes grosses mitaines faites à la main, acquises auprès d'un gars de l'Abitibi à son kiosque d'un salon des métiers d'art. Je ne frissonne pas, emmitouflée des joies de l'hiver et d'un chaleureux manteau blanc à capuchon.

Je fais démarrer la voiture et mets le cap sur le mont Tremblant. Je pitonne l'adresse du centre de conférences sur mon GPS qui, pour être à la mode, s'est présenté chez moi le soir du 24 décembre. Il est bilingue comme un Canadien : il parle anglais et sait dire « Bonjour » en français.

En ascension parallèle au fleuve Saint-Laurent par l'autoroute des Laurentides, montagnes sacrées dans leur joli hagiotoponyme caché, j'écoute la première chaîne de Radio-Canada. L'émission en cours diffuse une drôle de petite voix, qui monologue religieusement sur l'importance de la mise à dur de l'organe masculin. « S'il le faut, nous irons en érection. Nous n'avons pas peur de déclencher une érection. » Je suis confuse quelques instants, me demandant si le vin avalé – vous le savez – trop vite en fin de journée la veille m'embrouille encore l'esprit ou si le syndicat de mes besoins primaires exerce des moyens de pression jusque dans les médias.

Heureusement, la réputation de ma libido est sauve : l'animateur explique que le gourou n'est autre que l'un de nos dirigeants, qui s'exprime sur l'éventualité d'une élection.

Ne me reconnaissant pas dans ses propos, ni – manifestement – dans son langage, je baisse le volume.

À Saint-Sauveur, une tempête se déclare inopinément. Les flocons, énormes, s'écrasent sur les fenêtres du cockpit. Dans la chaude étanchéité de mon nid mobile, j'ai l'agréable impression d'être la spectatrice du tourbillon de neige qui se déchaîne à quelques centimètres seulement, énergique pièce de théâtre depuis mon siège de la première rangée. Je change de poste et poursuis ma route au rythme de la musique classique que je laisse échapper de mes haut-parleurs à un volume de rock.

Polie, j'arrive au congrès avec précisément cinq minutes de retard, ayant perdu du temps à observer, jalouse, les skieurs zigzaguer sur les pistes impressionnantes du mont Tremblant. Mon entrée dans la salle est néanmoins élégante, puisque située quelque part entre les premiers arrivés et les retards pas très sophistiqués de trente minutes. Le déjeuner-causerie prend fin, et l'organisateur de l'événement invite les participants à se procurer les écouteurs qui leur permettront de bénéficier de la traduction simultanée, puisque les présentations se tiendront dans les deux langues officielles. Bilingue, je ne me les procure pas. Néanmoins, je constate vite que tous les intervenants préfèrent discourir en anglais. *Peer pressure ?* Sûrement. Même les orateurs francophones font le choix de leur deuxième langue. Je m'aperçois avec regret que je développe le vocabulaire relatif à mon domaine de compétences en anglais le plus souvent. Je me rends compte également que les conférenciers venus de l'Europe maîtrisent mieux le français que leurs confrères canadiens. Peut-être parce que, ailleurs qu'en Amérique du Nord, l'apprentissage des langues secondes découle, naturel, de la multiplicité de cultures linguistiques égales entre elles, sur des territoires voisins. Ici, l'on baigne dans la mer unilingue de l'impératrice English, dans un rapport de force inéquitable qui nous noie à tout coup.

J'ai la preuve de mes théorèmes lorsque je lève la tête en direction des écrans placés de chaque côté de la salle, l'un en anglais, l'autre en français, sur lesquels je lis: « *For French interpretation, tune to channel A. Pour l'interprétation, tournez au chanal A* [sic]. »

Aussitôt, je me dis: « *What the fuck is a chanal and why do I have to turn there?* »

Devenue aussitôt indifférente aux propos des conférenciers, je lève un sourcil réprobateur qui déclare séance tenante l'échec du bilinguisme canadien, coquet seulement en anglais. Puis, détournant la tête, je porte mon regard vers une chaise retirée sur le côté de la salle et plisse les yeux pour mieux scruter l'exactitude de la métaphore qui s'offre à moi: je distingue le spectre de Trudeau, regardant tour à tour l'écran anglais et l'écran « français », le sourire aux lèvres, le menton fier, tenant d'une main son érection et, de l'autre, la Constitution canadienne dans une enveloppe brune.

***

L'hiver s'en est allé vite, puisque je l'ai passé en raquettes, solitaire, dans une succession de moments paisibles, quelque part dans le réconfort des épinettes lourdes de blanche. Le printemps chante le retour de ses ailes alors que la saison froide s'assoupit, ronflant dans les bancs de neige sale en fonte rapide. Les couleurs et les bruits de la vie reprennent dans les bourgeons, dans les becs et sur le sol. Avril sourit à grande bouche depuis le sommet de ses sautes d'humeur et l'eau est partout, en boue, en flaques et en ruisseaux surtout.

J'arrive accompagnée d'un « rhube » de changement de saison, mais autrement seule, au grand plaisir des propriétaires déjà un peu soûls, deux frères, mes amis de longue date. Leur cabane à sucre des Cantons de l'Est est pleine à craquer. Dehors, le domaine s'étend en vallons, parsemé d'érables à perte de vue. Le sirop dégoutte à bonne allure dans les chaudières fixées aux troncs argentés. Si elles étaient figées l'espace d'une seconde, les silhouettes des visiteurs dessineraient une carte postale : les enfants à genoux sur les bancs de bois des carrioles rouges tirées par des chevaux et, à leurs côtés, deux traîneaux à chiens glissant tant bien que mal sur la neige, trop basse, qui laisse découvrir des touffes de gazon mouillé.

Debout au milieu de la foule, un morceau de tire sur glace s'étiolant dans ma bouche, je me fais ludique, comme souvent, d'ailleurs, et j'étudie les gens autour de moi, qui, par les manifestations diverses de leur identité culturelle, répondent aux interrogations du professeur. Je prends note, mentalement, espérant avoir suffisamment de mémoire pour inscrire dans mon cahier Canada le détail des poncifs observés.

Ce que je vois est une nation qui fourmille dans la forêt de sa cabane stéréotypée. Ce que je vois, je ne le verrais ni à l'ouest ni à l'est des frontières du territoire québécois. Ce que je vois est une identité distincte. Ce que je vois est probablement déjà un pays. Car les pays ne s'écrivent pas, ils se ressentent. Ils existent *de facto*, même si l'on exige d'eux une reconnaissance planétaire. Les frontières d'une patrie ne sont que le tracé d'une maison, d'un lot, les délimitations

Notre indépendance

de son terrain, sa haie. Et rien n'empêche de mettre un tapis qui affiche « Bienvenue » au pas de la porte. Et de partager la rue. Mais on mérite la clé de son chez-soi lorsqu'on a le sentiment de retrouver son voisin dans le lit conjugal.

Car je me dis qu'il ne suffit pas de mettre quelques gouttes d'huile pour adoucir dans le palais l'arrière-goût amer. Il s'agit de repenser la recette, de cesser de vouloir à tout prix mélanger des ingrédients qu'il vaudrait mieux mettre en valeur dans des plats séparés.

« Qu'est-ce qui ne va pas, ici ? »

La déclaration de copropriété, monsieur le professeur.

« Et quelle est-elle donc, cette culture ? »

Facile. Elle s'inscrit dans les points de repère de notre quotidien. Dans ce qui nous ressemble et ce vers quoi nous sommes naturellement attirés, tout comme vous enseignez à McGill, vous habitez Notre-Dame-de-Grâce, vous écoutez CBC, vous magasinez rue Sainte-Catherine, vous « clubbez » rue Crescent et vous achetez vos livres chez Indigo. Et vous le faites ainsi, et là, parce que vous vous y reconnaissez. Vous vous sentez au cœur même de ce que vous êtes. Rien de plus légitime. D'ailleurs, cette quête ou ces réflexes sont aussi les nôtres.

Et donc, le Québec, c'est le français, la poutine et *Sayleen*, vous l'avez dit vous-même. Et il n'y a rien de ridicule là-dedans, au contraire. Ce sont des empreintes de notre existence. De notre différence. D'ailleurs, le Québec, c'est aussi la cabane à sucre, la tourtière, les bleuets, le blé d'Inde et le pâté chinois : vous les avez oubliés, ceux-là. Et c'est aussi un grand-père qui dit « Boswell », un père qui dit « Bout d'viarge » ou un oncle qui clôt la soirée par un « Bon ben… on va faire un boutte, nous autres ». Et c'est un crucifix à l'Assemblée nationale, des lacs à ne plus pouvoir les compter ou des *chums* de gars qui se saluent avec une tape sur l'épaule et un « Qu'est-ce tu fous de bon, l'gros ? ».

C'est aussi la soirée du hockey avec deux « stimmés » pis une Saint-Ambroise. Et la raie capillaire de René Lévesque, la tignasse de Gilles Vigneault, le rire d'Yvon Deschamps ou le menton de Guy A. Lepage. Eh oui, c'est aussi les « À la prochaine fois », « Que l'on continue » ou « Vive le Québec libre ».

Ma réflexion est interrompue par l'un des frères Tremblay, qui m'escorte à l'intérieur de sa chaumière et m'indique ma place à la table, aux côtés d'un rougeaud qui s'échauffe derrière son accordéon. Puis, il me pose sous le nez une poutine, une vraie, et une montagne d'oreilles de crisse. Son haleine à 12 % d'alcool me demande si je préfère une Bleu, une Amère Khadir ou une Diablesse, mais son clin d'œil, en me tendant la dernière, me suggère que le choix est beaucoup plus facile pour lui.

***

Inspirée par mon aventure rustique dans les Cantons, j'ai planifié un voyage en Gaspésie, petite Toscane amalfitaine du Québec. Une fois l'été bien cuit, à la mi-juillet, j'ai roulé des heures et des heures et traversé tout un collier de villes et de villages aux médaillons plus chaleureux les uns que les autres : Rimouski, Baie-des-Sables, Matane, Grosses-Roches, Les Méchins, Capucins et Cap-Chat. J'ai posé l'ancre à Sainte-Anne-des-Monts pendant quelques jours, pour faire en vélo la découverte du Parc national de la Gaspésie. Puis, j'ai refait mon baluchon et j'ai dévalé la courbe en tête de baleine – très à propos – du territoire gaspésien jusqu'à Percé.

Et maintenant, des lunes après la cabane, je suis là, sur la terrasse maritime d'un adorable « couette et café » faisant face au Rocher, assise devant le déjeuner

gargantuesque du charmant couple de propriétaires : petits fruits, bleuets surtout, fromages de chez
nous, œufs à la coque, crêpe, croissant et marmelade
maison. Le ventre en fin de marathon et la tête du
matin mise en marche par la digestion de ces pou-
tines, je note : le Québec, c'est aussi le Code civil, PKP,
Alcan, Bombardier et Michou. Une grand-mère qui
roule les « r », des nids-de-poule sur les routes ou des
miettes de pont sur les capots. Des commissions sco-
laires, des cégeps, des manifestations étudiantes, des
polars, des mitaines, des belles-mères en politique ou
des chefs de société d'État en col roulé blanc. Et de la
bière dans les dépanneurs. De la piquette, aussi. Et le
Québec, c'est le harfang des neiges. Le canot-camping,
le Survenant, le Cirque du Soleil, les syndicats ou les
vacances de la construction. Et les noms de famille
composés, le cidre de pomme, l'École de l'humour, la
gigue traditionnelle ou la Saint-Jean-Baptiste.

Je vois alors la facilité coulante avec laquelle
j'épluche, les unes après les autres, les couches,
épaisses ou pas, des fruits de ce que nous sommes. J'ai
l'impression que je pourrais les faire défiler ainsi sans
que muse ne manque, des pages et des pages durant.
Alors, je tourne mon visage vers le soleil dans lequel
sont plongés les marins et leurs cages à homards sur
la plage de galets. Souriante, je pose la plume de ma
matière grise et constate que, aisément nourri de
l'opulence de la culture qu'il décrit, mon ouvrage,
quoique lyrique, est à l'image du Québec : un par-
venu. Car je me dis que le Québec porte l'ambition
de se construire quelque chose de beau, de neuf, pour
enterrer une fois pour toutes son bonheur d'occasion.

Nostalgique, je constate que presque un an est
passé déjà. Je pense à ce prof de McGill, rencontré
l'automne précédent. Je lui adresse une petite prière
au hasard pour lui proposer de se rasseoir à la table
voisine lorsque je retournerai en pèlerinage loin à

l'ouest, rue Sherbrooke, quand l'été autochtone sera revenu. Je lui remettrais une copie de mon cahier Canada. Et je lui demanderais, sincèrement intriguée, quelle est donc sa culture à lui. Et sans me moquer, je dirais : Bryan Adams ? La reine ? Et je le laisserais, le sourire aux lèvres, égrener le chapelet de tout ce dans quoi il se reconnaît. Je l'écouterais s'inventer, lui aussi, un cahier pour me raconter son pays.

Et quand il aurait terminé, essoufflé, je lui ferais voir que nos ouvrages, combinés, arrachent la reliure.

3

DIRE OUI…

Geneviève Rochette

Certains mots de notre vocabulaire possèdent la charge émotive de l'instant où ils s'inscrivent dans notre mémoire. En 1980, j'ai dix ans, et le mot « Oui » prend toute sa résonance dans le désir qu'affichent mes parents de voir le Québec s'affranchir et se réaliser comme nation. Chez nous, la maison est tapissée de belles affiches où est écrit un gros « Oui! » sur fond bleu. Mon père me donne des macarons du « Oui » que je porte fièrement devant mes petits voisins anglophones qui agitent des drapeaux du « Non ». Mais, dans notre rue Old-Orchard, à Notre-Dame-de-Grâce, le « Oui » est plus fort! Sans comprendre tous les tenants et aboutissants du mouvement indépendantiste auquel mes parents souscrivent, je perçois bien l'énergie exaltante et l'espoir qu'il suscite. Je plains les partisans du « Non », dont les enfants ont dû prendre en aversion le mot « indépendance ». Quel en est l'impact sur eux aujourd'hui ? Je me le demande. À quoi ressemble un ado pour qui le mot

« indépendance » est synonyme de « menace », et le *statu quo*, une notion rassurante ?

Le temps passe sans que je me pose trop de questions sur la situation de mon peuple. J'ai beaucoup à faire… L'adolescence, c'est pas de la tarte, le désir d'indépendance s'articule autour de son nombril. Mais, quand on me pose la question « Es-tu pour l'indépendance du Québec ? », je réponds toujours par l'affirmative, comme un héritage que je n'ai pas le droit de trahir.

Je préfère être du bord de ceux qui disent « Oui ». Ceux qui cultivent le désir de se bâtir, même si ce désir a été déçu. Parce que après le référendum de 1980 le désir s'essouffle, et parler d'indépendance devient presque tabou. J'ai vraiment l'impression d'être arrivée en fin de *party*, quand le gros *fun* de la soirée est passé et qu'on n'a plus le cœur à « swigner » ; c'est l'heure où les lumières s'allument et où on se rend compte qu'il ne reste plus grand monde.

En 1988, j'entre à l'École nationale de théâtre pour devenir comédienne. Les mots deviennent des outils de travail, et la poésie, une complice envoûtante. Je découvre Miron, et toute l'émancipation d'un peuple dans le verbe de cet homme qui m'inspire. Le mot « Oui » vient de prendre tout son sens. Je suis convaincue que de marcher vers mon pays est le seul chemin. Et ce vers m'accompagne :

« […] Un jour j'aurai dit oui à ma naissance[*]. »

En 1995, j'ai vingt-ciq ans, je commence à devenir une adulte et je donne naissance à mon premier enfant. Quand on devient mère, on se demande dans quel monde va évoluer son enfant. Cette fois-ci, j'ai le droit de voter quand on pose la question (excusez-moi, je ne me rappelle plus sa formulation exacte,

---

[*] Extrait du poème « Pour mon rapatriement », de Gaston Miron, *L'Homme rapaillé*, Paris, Poésie Gallimard, 1999.

Notre indépendance

c'était compliqué) qui veut redéfinir le statut de mon peuple.

C'est alors que, en cette même année, mon père écrit un essai qui a pour titre : *À bas la souveraineté nationale!* Toutes mes convictions sont alors ébranlées. Dire « Oui » à l'indépendance du Québec avait été une chose allant de soi dans ma vie, dans un premier temps, de façon presque héréditaire, ensuite, portée par un souffle poétique ! En 1995, je dois me poser la vraie question : pourquoi moi, Geneviève Rochette, je dis « Oui » à ce projet de pays, alors que le premier à me guider vers ce choix dit maintenant « Non » ?

Que s'est-il passé entre 1980 et 1995 pour qu'il effectue cette volte-face si radicale ? Je n'ai jamais pu élucider ce mystère. Quelques mois plus tard, j'apprenais que mon père était atteint de démence, et il est mort durant l'année qui a suivi. Certains cyniques me diront : la voilà, ta réponse !

Malheureusement, on peut faire dire n'importe quoi aux événements du passé. On pourrait aussi dire que l'aliénation d'un peuple peut rendre fous ceux qui y cherchent l'émancipation… Pour moi, la vérité est bien plus complexe.

La mièvrerie du mouvement indépendantiste dans les années qui ont suivi le premier référendum a sans doute sapé ses propres convictions. Mon père était avant tout un humaniste, et de voir les droits de l'homme bafoués par les conflits internationaux l'affligeait beaucoup. C'est la triste explication que je me donne.

À bas la souveraineté nationale! proposait un schéma sommaire de gouvernement mondial et, bien que très utopique, il visait juste assez souvent : « Tant qu'un chef de gouvernement aura le pouvoir de lever une armée pour attaquer un autre pays, il n'y aura jamais de paix sur Terre. Nous ne pourrons jamais empêcher un chef de gouvernement de lever une armée tant que nous maintiendrons la souveraineté nationale.» Quand on observe l'action de l'ONU dans les conflits internationaux, on peut lui donner raison.

Mais voilà, je crois que l'humanisme de mon père négligeait une chose essentielle : l'importance de la diversité des nations pour la richesse de l'humanité.

Je peste contre la mondialisation qui dissout toutes les cultures dans le seul modèle néolibéral, dans lequel je ne désire absolument pas me fondre. Sur le plan biologique, quand une cellule reproduit son modèle pour dominer en nombre toutes les autres, on appelle ça un cancer, et c'est mortel.

Prenons exemple sur la nature, sur sa biodiversité qui la rend si riche et si surprenante. Il en va de même pour les peuples et leurs cultures. Plus leur diversité sera grande, plus le monde sera riche.

Le peuple québécois a beaucoup évolué depuis sa naissance. Et, malgré deux référendums sur la souveraineté auxquels on a répondu «Non», mon désir d'affirmation demeure. Le monde continue de voir en nous une société distincte. Contre le cancer de la mondialisation, la souveraineté est à mes yeux la seule solution. Même Stephen Harper reconnaît que nous sommes une nation. Il nous appartient maintenant de l'accepter et de l'affirmer pour de bon. Rapaillons-nous autour de ce projet très sain de faire un pays. J'espère tellement qu'un jour, bientôt… *nous aurons dit «Oui» à notre naissance.*

4

NON

Kathleen Gurrie

« Le refus est nécessaire : il n'y a pas d'histoire sans refus.
Sans refus, le Québec se serait fondu depuis longtemps
dans l'Amérique anglo-saxonne ; [...] Et ne me parlez pas du
nécessaire consensus, de l'obligation d'être rassembleur et de
ne pas effaroucher les électeurs du centre ; ne me parlez pas
de relations publiques et de stratégie de marketing. Il faut dire non.
[...] Ce non initial est la condition de tout le reste. »
Bernard Émond,
Il y a trop d'images, Lux, 2011

Jusqu'ici tout va bien

Prenons un exemple : un Franco-Canadien d'Ottawa a poursuivi Air Canada parce qu'il ne s'est pas
fait servir en français sur un vol. Le gars, parfaitement bilingue, a dit que c'était une question de prin-
cipe. La juge a tranché en juillet 2011 : Air Canada ne
respectait pas la loi sur les langues officielles. Elle a
ordonné que la compagnie verse 12 000 dollars au
plaignant. Dans un site d'information anglophone
où l'on peut lire la nouvelle, les commentaires hai-
neux de la part de Canadiens anglais donnent des frissons dans le dos*. De l'intolérance, voire du racisme.

---

* http://ottawa.ctv.ca/servlet/an/local/CTVNews/20110714/
OTT_Air_Canada_French_110714/20110714/?hub=OttawaHome.

La plupart des commentateurs accusent l'homme de savoir parler anglais, le traitent d'opportuniste et ramènent le tout au Québec et à sa loi 101, alors qu'on ne parle même pas ici d'un enjeu québécois. Si ce qui est écrit là concernait d'autres minorités, retrouver ce type d'incitation à la haine dans le site d'une chaîne de télévision canadienne comme CTV soulèverait un tollé général. Mais, au ROC, c'est toléré ; après tout, les francophones se plaignent constamment et les anglophones en ont plein leur casque.

De toute façon, le Québec francophone a ses propres médias et ses propres réseaux qui lui permettent d'ignorer que, dans le ROC, il est méprisé pour sa différence et la revendication de celle-ci. Pendant ce temps, la haine monte et nous continuons de nous manger entre nous. Une province, ce n'est pas un État, c'est un territoire vaincu à assimiler, la cage d'un peuple autonome et fier.

Nous avons envoyé des représentants dans le ROC, comme pour lui montrer qu'on pouvait sortir de notre province et, à défaut de s'en émanciper, défendre nos intérêts, voire diriger la fédération. Longtemps, beaucoup en ont ressenti une vive satisfaction. Nous étions libéraux, nous étions bloquistes. Mais nous nous sommes endormis, pansus et pansés. Et si les plus grandes blessures du peuple québécois datent d'avant la naissance ou la majorité d'un bon nombre de ses citoyens d'aujourd'hui, ils n'en ont pas moins hérité, comme de leur langue et de leur culture. Peu importent la qualité et la quantité de plasters.

Et puis, nous les avons rapatriés, nos émissaires, d'une manière à la fois collective et inattendue. Le ROC s'en frotte encore les mains de contentement. Enfin, il ne sera plus obligé de subir nos exigences, notre insoumission à sa langue, à sa culture, à sa domination.

Non

Peut-être qu'avant de pouvoir dire «Oui», il faut savoir dire «Non». Peut-être que dans le «Oui» se cache un «Non» fondateur et identitaire. Peut-être qu'à la suite des derniers échecs, l'option «Oui» est devenue quelque chose de difficile. Je suis tellement prudente, je dis «Peut-être». Mais on dit «Oui» à quoi? À l'idéal? À l'inconnu? À une personne charismatique, à un messie? Dire «Oui» est un acte de confiance, de foi. Pas surprenant que l'on cherche toujours cette personne ou ce mouvement à qui l'on pourra dire «Oui»! *Messie recherché pour libération immédiate.* Mais nos partis s'entre-déchirent, changent de camp à qui mieux mieux. On peine à trouver une solution de rechange aux libéraux, qui s'en frottent les mains sales.

Heureusement, certaines convictions indépendantistes survivent à tous les politiciens, déceptions, amertumes, changements de cap et autres. Nous disons «Non» au ROC qui ne nous comprend pas, qui nous insulte dans les tribunes que certains médias encouragent. Nous disons «Non» aux politiciens qui virent à droite et spolient nos valeurs sociales. Nous disons «Non» aux Québécois qui détestent les autres Québécois. Nous disons même «Non» aux ténors souverainistes et carriéristes qui ne parlent plus à personne avec leurs discours stériles de «ni oui ni non».

En votant comme nous l'avons fait et de façon majoritaire aux dernières élections fédérales, nous avons d'abord et avant tout dit «Non». Et ce «Non» a été plus fort que tout le reste. Nous ne sommes pas un peuple névrosé, nous ne sommes pas un peuple de moutons, comme certains se plaisent à le dire. Nous sommes toujours capables de parler d'une même voix quand vient le temps de le faire. Nous sommes toujours capables de résistance.

C'est l'heureux signe d'une nation solidaire, mais malheureusement solitaire dans le Canada. Ce « Non », fraîchement réveillé, cache en son ventre, de plus en plus vide, de plus en plus en colère, le germe fécond d'un « Oui » à venir.

5

BOULE À MYTHES
Nic Payne

Il y a effectivement de quoi en perdre la boule : le Québec est un pays, et pourtant il reste une province. Quelle absurdité.

Je suis indépendantiste.

Je ne suis pas, en cela, le tenant d'une idéologie, le pratiquant d'une religion ou le fidèle d'un gourou, ni le membre d'un club auquel on renouvelle machinalement son adhésion une fois par année sans se poser de questions. Je ne suis pas inconditionnellement le partisan d'un clan politique dont j'applaudirais tous les faits et gestes comme un automate.

Je fais simplement le constat, avec le cœur et au fil d'une réflexion que je mets à l'épreuve sans relâche, que ce pays existe, qu'il existe obstinément et qu'il mérite son indépendance tout autant qu'il en a la capacité et, surtout, le brûlant besoin.

Ceci n'est pas une profession de foi nationaliste, multiculturaliste, de gauche ou de droite. L'indépendance n'est pas un contenant auquel je veux absolument qu'on applique un contenu prédéterminé, comme si, en soi, elle était vide de sens. Je n'ai pas besoin qu'on m'offre des incitatifs, des nananes et des primes-cadeaux pour ressentir comme une profonde injustice le fait que la grande nation à laquelle j'appartiens soit perpétuellement rabattue au rang ridicule de bourgade linguistique fatigante.

Je suis indépendantiste. Oui, je le redis, et nous pourrions être cent mille à le répéter inlassablement dans tous les canaux de diffusion possibles et imaginables, que cela constituerait à peine un début de réhabilitation au Québec de cette valeur universellement célébrée. Universellement sauf ici, où elle demeure une chose tantôt suspecte, tantôt prétendument démodée.

Il faut dire que, en sol québécois, la ringardisation intempestive de l'indépendance est un rouleau compresseur qui n'a jamais cessé de fonctionner à plein régime depuis des décennies. À force d'être passée date, cette idée devrait bien finir par avoir fait le tour du calendrier pour redevenir d'actualité, non ?

Quoi que puissent en dire quelques dépositaires autoproclamés de la raison, ce n'est pas l'indépendance qui sent le renfermé. C'est un certain souverainisme, qui s'est oublié quelque part sur le chemin de l'intendance provinciale. C'est le discours d'une élite qui ne jure plus que par la politique partisane d'alternance, fondée sur l'urgentissime et perpétuelle nécessité de remplacer Dupond par Dupont et charriant son lot de tactiques foireuses distillées à la petite semaine, qui, toutes autant qu'elles sont, finissent par s'évanouir dans un océan d'insignifiance.

Depuis 1995, et comme dans les années 1980, nous avons appris à ratatiner nos ambitions, à éteindre l'indépendantisme derrière la petite musique d'ascenseur de la politique provinciale. Nous, partisans du souverainisme devenu simple marque de commerce, avons fini par croire que vouloir l'indépendance, c'était le dire le moins possible.

Encore aujourd'hui, les efforts que nous mettons à ne pas exprimer l'idée que nous prétendons défendre sont stupéfiants. Qui de prétexter des impératifs électoraux, qui de s'en remettre à la «défense des valeurs québécoises», qui de se rabattre sur quelques bribes de lyrisme mou et soporifique sur «le pays», consenties çà et là dans des assemblées partisanes d'où elles ne sortiront jamais.

On dit que le Québec est bloqué, morose, qu'il se cherche, que le français est en déclin, que l'avenir est flou, que les scandales s'accumulent. Or, pendant que l'indépendance transpire, suinte, irradie de pertinence à travers tous les pores et toutes les coutures de chacune de ces questions, même ceux qui devraient la porter haut et fort ne l'évoquent qu'avec gêne et retenue, comme on parle d'un rêve aussi fumeux qu'improbable qui ne mériterait pas d'être classé au rang des «vraies affaires». Devant des taux d'appui à faire rougir d'envie la plupart des courants et partis politiques ici et au Canada, cette propension à l'autocensure est plus qu'étrange, elle est carrément pathologique.

Du reste, comment pouvons-nous nous dire indépendantistes et accuser nos compatriotes de ne pas saisir toute la valeur de notre projet, si nous ne leur proposons que de vagues alternatives provinciales faites de demi-solutions pour une demi-gouvernance de demi-État, qui ne laissent jamais entrevoir que d'éternels demi-résultats, pour un demi-avenir à moitié national?

Pensons-nous vraiment que nous éveillerons les consciences à cette idée qui nous tient à cœur, en ne faisant qu'abreuver sporadiquement les Québécois de comités d'étude sur l'étude des études, d'exercices de réflexion en circuit fermé et d'autres simagrées indéchiffrables qui, en l'absence d'un engagement immédiat et assumé de notre part, ne mènent jamais qu'à nous dépeindre en gosseux de stratégies futiles dont on ne sait même plus ce qu'elles essaient de ne pas dire ?

Cessons de nous réfugier dans la croyance que l'image parfois trouble de l'indépendantisme n'est due qu'à des chicanes de famille politique ou aux manipulations souterraines d'un richissime oligarque retranché dans son extravagant domaine à Sagard. Commençons par arrêter de prendre les Québécois pour des incapables – incapables de saisir le message, de réfléchir, de faire la part des choses et de décider – avant de blâmer tout le monde pour nos insuccès.

Refuserons-nous encore longtemps de voir le formidable décalage qui nous saute en pleine face, entre une classe politique dite souverainiste qui évite systématiquement toute démarche conséquente et un peuple qui se sent québécois plus que jamais dans son histoire ? Et ce, pendant que le Canada se redéfinit sans nous, selon des orientations et des symboles qui, dans le meilleur des cas, ne nous disent absolument rien.

Si les hérauts du souverainisme officiel peinent à mobiliser, c'est aussi parce que, lorsqu'ils osent prendre la parole, ils le font dans des termes d'un autre temps. Ils parlent d'un « projet de pays », d'un pays à bâtir qui ne serait toujours pas né, d'une sorte d'abstraction. Les Québécois viennent de passer plus de cinquante ans à bâtir un pays nommé Québec. Pourquoi auraient-ils le goût de retourner au milieu du siècle dernier pour tout recommencer ? Combien de pays faudra-t-il bâtir avant d'en avoir un qui soit souverain ? Quelle est cette manie de présenter un simple geste d'affirmation nationale comme un immense et fastidieux chantier dont on devrait confier la maîtrise d'œuvre à des politiciens, évidemment couverts de discrédit ? Faire l'indépendance, ce n'est pas s'inventer un pays, c'est rendre justice à celui que nous avons déjà.

Dans la quincaillerie des réflexes souverainistes usés à la corde, il y a aussi celui de rappeler encore et encore, presque désespérément, les rebuffades constitutionnelles des années 1980 et 1990. Ces épisodes sont passés, et il est plus que temps d'en assumer les conséquences. L'insatisfaction chronique est inhérente au maintien du Québec sous la tutelle canadienne. Si ceux qui défendent ce régime ne veulent plus assumer cet état de fait, c'est leur problème, et ce n'est certainement pas aux souverainistes de les délester de cet odieux, en reprenant l'exaspérante complainte constitutionnelle à leur place. L'indépendantisme n'est pas un festival de récriminations dans le Canada ; c'est justement, bien au contraire, la volonté de briser le cycle du braillage stérile.

L'indépendantisme n'est pas, non plus, une tentative hypocrite de réforme qui, dans un dessein qui ne tromperait personne, espérerait son propre échec. Ce n'est pas l'attente, et encore moins la recherche, d'une mille deux cent quarante-troisième frustration qui nous propulserait inéluctablement vers un avenir souverain, presque malgré nous.

Si l'indépendance n'est pas un épouvantail dont on se sert pour se négocier quelque misérable consolation à l'intérieur du cadre canadien, elle n'est pas davantage une solution de rechange au « fédéralisme ». Soyons sérieux deux secondes : il n'y a pas de fédéralistes au Québec, ni de fédéralisme, ni de fédéral. Il n'y en a jamais eu. Cette ronflante terminologie a été instaurée pour donner du charme et de la hauteur à une réalité qui en manque cruellement : il n'y a ici qu'une nation subordonnée à une autre. Cela ne s'appelle pas « fédéralisme ». Certains veulent changer ce rapport aliénant, d'autres pensent que ce n'est pas possible ou souhaitable et d'autres encore ne s'intéressent pas à cette discussion. Le débat sur ce qu'on appelle la « question nationale » ne porte pas sur les vertus présumées du « fédéralisme ». Ce débat a pour objet l'opportunité ou non d'être maîtres chez nous. Le reste n'est qu'enflure et diversion.

Il y a une foule d'autres choses que notre difficulté d'assumer l'indépendantisme nous amène à lui substituer ponctuellement : un sempiternel combat déçu pour la langue ; une incessante dénonciation des affres de je ne sais quel déséquilibre administratif ; l'incurie soulignée à tours de bras de tel ou tel méchant politicien rouge, bleu, mauve, vert, jaune, ou que sais-je encore ; une titanesque révolution socialiste ; la prétendue nécessité d'une tonne d'élus orphelins stationnés à Ottawa pour se lamenter indéfiniment au pied du mur de l'Incompréhension.

L'indépendance n'est rien de tout cela. Et encore, l'indépendance n'est pas une récompense qui vient à ceux qui ont préalablement réglé tous leurs problèmes de société pour les siècles des siècles. Ce n'est pas l'œuvre d'un peuple dont chaque individu qui le compose serait soudainement devenu un militant acharné.

L'indépendance n'est pas un hochet électoral.

L'indépendance n'est pas un retour obligé aux sources canadiennes-françaises. L'indépendance n'est pas un gros mot, dont le nationalisme provincial serait une version plus polie, plus électoralement rentable.

Je connais le nationalisme, je le comprends, même s'il s'agit d'un ingrédient complexe et instable qui, dans l'histoire du monde, n'a pas toujours mené à des lendemains qui chantaient.

Je sais aussi qu'il y a depuis longtemps, au Québec, des nationalistes qui ne recherchent pas l'indépendance.

Aujourd'hui, les chefs politiques canadiens saluent le nationalisme québécois, qu'ils accueillent comme une caution à l'unité canadienne, un facteur de cohésion « nationale ». Ils savent que le nationalisme et l'indépendantisme sont deux valeurs distinctes, qui peuvent être complémentaires, mais dont l'une n'est pas le passage obligé vers l'autre, ni son corollaire, ni son équivalent.

Pratiquer le nationalisme provincial sans finalité indépendantiste concrète, c'est inscrire au cœur même de notre identité l'incapacité d'assumer un destin plus grand. C'est, encore et toujours, se définir à même le moule que nous impose le Canada.

Bien sûr, notre enfermement dans cet ensemble qui nous minorise sans cesse, pour peu qu'on aspire à autre chose qu'à l'assimilation plus ou moins tranquille, force le nationalisme. Mais ce nationalisme demeurera statu-quoïste tant que ne sera pas entreprise une démarche indépendantiste affranchie. L'histoire du Québec le prouve éloquemment.

L'indépendance n'est pas le nationalisme, elle en est l'antidote. Elle est ce qui doit nous permettre de prendre part au monde avec confiance, à nos conditions, plutôt que toujours sur la défensive à travers l'abrutissant filtre de la subordination politique.

Faire l'indépendance, c'est assumer nos responsabilités, afin d'éviter un futur où nos enfants nous accuseraient d'avoir refusé de *porter secours à planète en danger* quand il en était encore temps. Quel droit avons-nous de priver l'humanité de l'espoir que nous pourrions lui donner, à travers une nouvelle voix nord-américaine, d'expression française, forte et originale, soucieuse à sa guise d'environnement et de paix – par exemple – et différente de celle de l'Amérique anglaise, et qui serait par le fait même un carrefour, un phare, un symbole de diversité ? Pourquoi se refuser plus longtemps la possibilité de choisir notre rôle et de le jouer pleinement, plutôt que de toujours gribouiller dans la marge de l'histoire et de n'exister que comme une note en bas de page?

Non, il n'est plus raisonnable d'aller taire nos espoirs dans l'antichambre de la gérance provinciale, sous prétexte qu'on ne pourrait pas faire mieux pour le moment. Non, il n'y a pas de bonne raison de ne vouloir battre des adversaires politiques que dans un jeu médiocre dont eux-mêmes dictent les règles au gré de leurs besoins. Non, il n'y a pas de triomphe dans le fait de leur ravir momentanément un pouvoir fait spécifiquement pour que nous n'en ayons pas. Quand bien même serait-ce pour agiter des drapeaux et bredouiller notre «différence» – dans l'indifférence – à cœur de jour.

L'indépendance, ce n'est pas passer son temps à se convaincre soi-même qu'on existe, à défaut de pouvoir se le faire dire par d'autres. C'est, tout simplement, exister.

6

LE PAYS DE MON CŒUR

Françoise David

Se donner un pays, c'est se sentir responsable, comme peuple, de l'avancement de toute une nation. C'est exigeant. Mais si beau!

Je suis souverainiste depuis longtemps. J'ai connu des phases de doute, de lassitude. Comme tant de Québécoises et de Québécois. Mais, avec la création d'un nouveau parti politique et la définition d'un projet souverainiste fondé sur des valeurs progressistes et écologistes, j'ai retrouvé la flamme. Ce qui m'a amenée à écrire ceci à l'automne 2011, dans *De colère et d'espoir** :

« Un pays se respire, s'entend, se vit au quotidien dans les villes et les villages. Il s'apprivoise par ceux et celles qui le découvrent et s'y attachent. Mon pays c'est mon peuple, ma nation. »

Le pays existe d'abord dans nos cœurs. Il est temps de le rêver en vrai et de le construire. Je plaide pour

---

* Françoise David, *De colère et d'espoir*, Montréal, Écosociété, 2011.

que nous nous donnions tout de suite la permission de nous réapproprier ce qui nous appartient : eau, terres, forêts, sous-sol, air. C'est à nous, tout cela, et pas aux multinationales qui, telles des vampires, viennent nous prendre le sang, les veines, le corps du Québec : ses ressources naturelles.

Construire maintenant le pays, c'est aussi donner du pouvoir à son peuple. Le consulter, l'impliquer dans les décisions politiques, économiques, sociales, culturelles. C'est protéger notre langue, le français, qui, décidément, fout le camp ! Parler français devrait être un geste que l'on pose avec fierté, parce que nous formons un peuple distinct par sa langue et sa culture en Amérique du Nord. La mondialisation néolibérale et anglophone agit comme un *bulldozer*, balaie les diversités culturelles, nie les particularités linguistiques. Tous et toutes capitalistes ! Tous et toutes anglophones !

Je refuse ce moule unique et insupportable. Et, puisqu'il est temps de nous donner les moyens de nos ambitions, je travaille à bâtir le pays. Je veux que nous puissions déployer nos ailes en matière économique, préserver notre culture, prendre nous-mêmes les décisions qui nous conviennent. Choisir à quoi serviront nos impôts. Décider d'un Québec sans armée. Assumer nos politiques écologiques avec le pouvoir de les mettre en pratique. Débattre entre nous d'une politique extérieure fondée sur la solidarité entre les peuples.

Je veux, je ne m'en cache pas, fuir la droite canadienne qui nous propose une vision tellement arriérée de la vie en société ! Elle qui se croit si morale est, en fait, profondément immorale car elle encourage l'individualisme effréné, le manque de compassion, la répression, l'inculture. Au Québec, nous n'en sommes pas à l'abri. Mais je sais que l'immense majorité de mes concitoyennes et concitoyens québécois ne veulent pas d'un régime autoritaire, antidémocratique et antisocial. Alors, je lutte à la fois pour la justice ici et maintenant et pour le pays qui portera mes rêves.

Comment y arriver ? En créant un lieu de débats où les gens pourront s'exprimer sur leurs valeurs, leurs désirs, leur vision d'un Québec qui s'assume. Ce lieu a pour nom : constituante. Des dizaines de personnes élues viennent débattre d'un texte fondateur, une Constitution, qui s'appliquera dans le cadre d'un Québec souverain ou, si tel est le choix populaire, d'un Québec qui poursuit son chemin au sein de la fédération canadienne.

Je fais le pari qu'un peuple mobilisé autour de valeurs, de projets, de projections vers l'avenir ne se dira pas non à lui-même. Il aura envie d'aller jusqu'au bout, de se donner les moyens de ses choix. Cela s'appelle la souveraineté. Moi, j'y crois !

7

PARCOURS D'UN INDÉPENDANTISTE

Pierre Curzi

Indépendance. Je préfère. Plutôt que souveraineté.
Cinq syllabes. Plus claires, plus sonores, plus fières.
Trois « n », trois « e », « a », « i », deux « d », un « p ».
Trois nasales qui font si bien chanter les voyelles.
Et trois autres consonnes, dont deux dentales, pour
affirmer. Pour marquer. Un mot fort.

À quel moment de sa vie personnelle devient-on
indépendant? C'est souvent par nécessité. C'est souvent par amour. Ou bien par amalgame des deux, ou
l'infinie variété des destins.

Considérons un moment que nous, je, sommes,
suis devenu indépendant par amour. Nous rencon-
trons l'autre et toutes nos pulsions de vie nous inci-
tent alors à l'épouser pour créer la suite du monde.
Notre histoire personnelle détermine cet instant qui
nous fait quitter le confort de notre famille, de notre
foyer, pour nous lancer dans l'aventure d'en créer un
autre qui soit aussi accueillant – sinon plus – pour
celles et ceux qui nous suivront.

L'histoire d'une nation, d'un pays, ne s'écrit-elle pas de la même façon? Il y a ce moment de jeunesse qui nous oblige à dire résolument qui nous sommes, de quel bois nous nous chauffons et de quels rêves nous voulons accoucher. Il ne faut pas rater ce moment. La jeunesse passe. La maturité est plus prudente. Quelquefois, cependant, c'est la nécessité qui impose ses diktats. Lorsque la famille, contraignante, ne nous comprend pas et devient une entrave à notre liberté, un frein à notre épanouissement, un foyer sans chaleur.

La révolte succède à la fierté, si cette fierté n'est pas entendue : ah, la fougue de la révolte, la beauté de celles et ceux qui ne craignent pas le risque d'exagérer, de sortir de leurs gonds sans prévoir la réponse, la riposte ! Cette impérieuse nécessité d'agir pour changer l'ordre des choses ne peut se faire sans batailles, sans victoires, sans défaites. Elle ponctue le temps d'événements marquants dont « Je me souviens ».

La fusion de l'amour et de la nécessité aboutit au même constat : il arrive un moment où les individus, comme les nations, doivent exister par eux-mêmes, sous peine de ne jamais trouver le sens de leur existence.

Or tout tend à nous détourner de cette quête fondamentale de sens. En particulier ce qui relève de la croyance, du préjugé, de la foi aveugle. La religion, et bientôt les religions, aura été notre principale source de sens et notre meilleur éteignoir. Quand on joue dans la cour des dieux, on est toujours le plus faible et le plus petit.

Pour ma part, j'ai quitté la maison familiale un peu avant la vingtaine. Pour vivre avec mon premier amour. Comme toute une génération, celle des enfants de l'après-guerre. Une jeunesse pauvre et exaltée, l'époque de la découverte de soi et du monde.

Des études, de la création, du plaisir, de la vie. Des années aussi au cours desquelles la politique était partout. Dans l'immense déploiement des forces de toute une nation qui se prend en main, pour s'emparer du territoire et de son eau, précieuse. Qui prend possession de son avenir.

Durant ces années, notre génération a commencé à voyager. Dans notre propre espace d'abord, par les mots chantés et venus de toutes les régions, de la Côte-Nord à la Mauricie, par les images de l'Île-aux-Coudres, par les récits du harnachement de nos rivières, mais aussi par le théâtre de nos belles-sœurs de la ville, de nos familles d'en bas de la pente douce, du folklore de la dure vie de nos ancêtres.

Rapidement nous avons débordé de nos frontières. Pour connaître le reste du pays qui nous appartenait, paraît-il, sans que nous le sachions. Pour connaître et fréquenter le reste du monde et la panoplie des contrées et des pays eux aussi colonisés.

La troupe de théâtre dont je faisais partie, au début de mon parcours d'acteur, avait pour mission de jouer en français dans toutes les communautés francophones de chacune des provinces du Canada. De St. Stephen, Terre-Neuve, jusqu'à l'île de Vancouver, en Colombie-Britannique. Nous avons joué partout. C'était l'époque du rêve « trudeauesque » d'un Canada bilingue et biculturel. Nous étions le petit équipage d'une barque légère naviguant sur une mer anglophone et rejoignant quotidiennement des îlots de francophones. Des gens accueillants mais déjà isolés, résistants. Des Canadiens anglais chaleureux aussi qui vivaient dans une autre culture. Cet étrange sentiment de vivre dans une réalité imprégnée d'une culture, d'une langue différente de la mienne, différente de ma langue maternelle, de ma culture de chaque jour. Ce voyage a forgé ma certitude que le

Québec des Québécois était unique et qu'il devait être indépendant pour s'épanouir.

Nous étions des centaines de milliers à constater la même chose, en suivant des parcours différents. De cette poussée, de cette foulée, sont nés le Rassemblement pour l'indépendance nationale, le Mouvement souveraineté-association, le Parti québécois et le référendum de 1980. Des années ferventes de création économique, sociale, culturelle. L'urgence de se dire, de se faire, l'urgence de vivre à toute vitesse, à toute vigueur. La jeunesse. C'est ainsi que les choses se sont déroulées pour beaucoup d'entre nous.

Pour moi, le pays est d'abord un espace physique habité par la mémoire humaine. Des rivières, des lacs, des montagnes, des plaines, des forêts, de la toundra, des glaces, des îles. Un lieu défini, bordé de frontières naturelles. Cette rivière qui divise la vallée, cette chaîne de montagnes qui longe la mer. Ces baies immenses qui nous font quitter notre rive pour aborder la rive de l'autre. Des espaces, du concret nommé par l'homme. Par les nations autochtones d'abord. Dans leurs langues. Inuktitut, mohawk, huron, cri, abénaki, algonquin, attikamek, micmac, naskapi. Des lieux de vie. Un pays irrigué par les eaux, un territoire nourricier, trappé, chassé, en symbiose avec la nature et la faune.

Nous sommes un court instant de l'histoire qui revendique sa juste part de lumière. C'est cela, l'indépendance du Québec. Nous sommes un discours qui se module selon les paroles et les volontés d'un peuple qui se transforme. Nous sommes ce que nous disons que nous voulons être collectivement. Nous sommes une réalité rêvée.

Durant vingt-cinq ans, du premier référendum jusqu'à un peu après le début du nouveau millénaire, j'ai délégué mon pays à un parti ainsi qu'aux femmes et aux hommes qui le constituaient. Pour vivre ma vie. D'homme, d'artiste, de citoyen. Comme nombre d'autres. À juste titre.

Sur le tard, graduellement, je me suis retourné pour m'apercevoir que nous n'avions pas finalisé notre désir de nous appartenir entièrement. Il me manquait un pays, laissé au vestiaire, confié aux autres parce que, n'est-ce pas, il est si important de réussir son passage sur terre. Alors, j'ai décidé d'y contribuer, à l'arrivée de cette indépendance, par la voie la plus directe, la plus traditionnelle, la politique. Et son cortège. Le pouvoir, les luttes, les intérêts, les divergences, les méandres, les amitiés, les trahisons, les noblesses, bref, la cruauté politique.

J'ai repris la tournée. Quarante ans plus tard, les mêmes villages, villes et régions pour prendre la parole, redire la cause, ranimer la flamme et constater qu'elles étaient nombreuses et qu'ils étaient nombreux à nous avoir quittés, à scander qu'ils voulaient un pays comme s'ils avaient déjà renoncé à s'emparer de celui qu'ils possèdent. Car ce pays, nous le respirons, nous le vivons, je l'ai dans chacun des pores de ma peau, moi, le fils d'immigrant, je n'en ai pas d'autre, c'est le mien et le vôtre, et c'est en toute légitimité que je l'inscris dans ce fragment de temps que nous partageons, nous, le peuple actuel du Québec.

Nous sommes les locataires de ce sol, de ce sous-sol, de ces richesses minières, or, fer, nickel. Locataires qui peuvent en tirer profit, pourvu que nous sachions en conserver l'essentiel pour la transmission d'un patrimoine durable. Nous avons la considérable puissance de la connaissance et de l'imagination pour capter les énergies, les multiplier sans épuiser ni le vent, ni le soleil, ni la chaleur du sol, ni la force de l'organique.

Cette utilisation prudente de nos avoirs, de notre bien, se métamorphose en travail, en familles, en cités habitées.

Il faut combattre les prédateurs, dont nous avons appris à reconnaître les déguisements et les ruses : leurs noms changent, ils furent empereurs et rois, puis colonisateurs, puis capitalistes, maintenant néolibéraux, mais toujours armés et guerriers. Avides.

Nous partageons plusieurs valeurs. Une langue commune, celle-là qui me fait écrire et qui vous fait lire, qui nous distingue, nous nomme, nous rassemble et nous élève. Des femmes et des hommes égaux, partenaires dont toutes les différences peuvent être aimées. Une laïcité qui permet à chacun de ne pas croire ou de croire, en ce lieu secret de l'être qui s'interroge sans se faire imposer ses convictions par la loi. Le partage aussi, la répartition des possessions, pour que la souffrance ne soit plus le résultat de l'injustice, de l'avidité insatiable du consommateur total. Dans les plateaux de la balance du monde, les gestes de compassion pèsent plus lourd que nos égoïsmes.

Je suis un locataire qui possède fugitivement et un humain aux valeurs pérennes, mais je suis aussi le citoyen faisant partie d'un peuple souverain qui choisit comment il se gouverne. Pour y arriver, je m'oblige à écrire, je prends le risque d'aller le plus loin possible en moi-même. Le peuple possède également ce pouvoir. Celui d'écrire son propre parcours. Ou d'y renoncer. Un geste si simple. Famille, amis, camarades, collègues, nous sommes des parties de cette onde, nous la gonflons de nos volontés et de nos espoirs, nous sommes indépendants.

8

POURQUOI ÊTRE LOCATAIRE QUAND ON PEUT ÊTRE PROPRIÉTAIRE ?

Ghislain Taschereau

Je déteste le gestionnaire de l'immeuble où j'habite. Il est censé défendre mes intérêts, mais j'ai plutôt la certitude qu'il travaille contre moi. L'autre jour, par exemple, il a laissé des étrangers siphonner un de nos réservoirs de mazout et il ne leur a demandé que cinq dollars en retour ! Cinq dollars seulement, alors que les étrangers en ont siphonné pour cinq cents ! C'est absurde. Avec cet argent, nous aurions pu louer des béquilles pour M. Chagnon, donner des cours de français au señor Gómez et installer une porte dans l'appartement de Mme Bertrand. C'est la moindre des choses que d'avoir une porte, non ? Au prix que coûtent nos logements, il me semble que nous pourrions être mieux traités.

En plus du montant des loyers, il y a les frais de condo qui ne cessent d'augmenter. Il paraît qu'il y en a une partie qui va aux autres immeubles du quartier et que le reste nous revient. Ça aussi, c'est absurde, parce que je paie pour entretenir des immeubles que je n'habite pas! Je paie aussi pour des choses que je réprouve et qui sont contre mes valeurs. L'autre jour, dans la rue, j'ai vu qu'on avait placardé tout le quartier avec des images d'une espèce de bonne femme qui porte une couronne sur la tête. Je ne comprends pas trop. C'est pour un carnaval? Ou bien les gens des autres immeubles ont une sorte de reine, j'imagine? Quoi qu'il en soit, toutes ces affiches, ça coûte de l'argent et ça ne sert à rien. Et moi, je dois payer pour tout ça et ne rien dire? Ça n'a pas de sens. Si, au moins, dans les autres immeubles, c'étaient des gens que je connais. Mais non, pas du tout! Non seulement je ne les connais pas, mais ils ne parlent même pas ma langue! De plus, ils ne veulent rien savoir de moi, ni de ma culture! Bof, remarquez, je ne peux pas leur en vouloir, puisque je ne les connais pas vraiment et que je ne m'intéresse pas beaucoup à eux, moi non plus. Je parle un peu leur langue, mais ça demeure une langue seconde pour moi. Mais je pense que c'est normal. Je pense que nous sommes ce que nous sommes et que chacun ne peut pas être deux personnes ou deux personnalités à la fois. À moins d'habiter très, très longtemps dans un autre immeuble que le sien… Et même ça, ce n'est pas certain. Je connais des gens qui viennent des autres immeubles et qui vivent dans notre immeuble depuis dix ans et qui ne parlent pas un traître mot de français. C'est stupide, non? Ils habitent dans un immeuble où la majorité des gens parle français et ils ne veulent rien savoir de cette langue. C'est probablement du mépris ou du racisme, ou les deux…

Mais ça, c'est un peu notre faute, d'ailleurs, je dois l'avouer. Nous sommes sous la gouvernance du quartier au lieu d'être maîtres de notre immeuble. Nous sommes tous de piètres locataires au lieu d'être de fiers propriétaires. Nous n'en retirons aucun avantage et nous en subissons toutes les conséquences. Si nous étions maîtres de notre immeuble, tout le monde se sentirait chez soi et personne n'aurait envie d'être étranger dans son coin.

Dans le quartier, ils nous disent que, sans eux, nous ne sommes rien. Et il y en a plusieurs dans mon immeuble qui croient ça. Pfff… C'est idiot, hein? Comme si nous n'étions pas assez grands ou assez intelligents pour gérer nous-mêmes notre immeuble. Mais moi, je sais pourquoi ils nous bourrent le crâne avec ces menteries. C'est parce qu'ils ne veulent pas que nous arrêtions de leur payer des frais de condo. C'est rien que ça. Quand ils nous disent qu'ils nous aiment, ils oublient d'ajouter «pour votre argent». S'ils nous aimaient tant que ça, ils n'auraient pas pendu nos ancêtres. Et ça, c'est vrai. Mais cette histoire-là est de plus en plus censurée par le gérant du quartier, avec la complicité du gérant de notre immeuble, parce que si les locataires de mon immeuble se mettent à vraiment se souvenir de leurs ancêtres pendus, ils ne vont plus vouloir faire partie du quartier, et le quartier n'est pas prêt à dire adieu à l'argent qu'on lui donne…

Les frais de condo que nous payons au quartier n'ont aucun sens. Vous connaissez le jeu du téléphone arabe? On dit une phrase à l'oreille de quelqu'un, qui la répète à une autre personne, qui la répète à une autre, puis une autre, puis une autre, et c'est à la dernière personne de répéter, à voix haute, la phrase, ou ce qu'est devenue la phrase. Car, neuf fois sur dix, la phrase finale est totalement travestie et n'a plus rien à voir avec la première. Alors, pour nos frais de condo, c'est semblable. J'appelle ça le portefeuille arabe. Nous donnons de l'argent au quartier, et ce qui nous revient n'a rien à voir avec ce que nous avons donné, ni avec ce dont nous avons besoin. De plus, comme si ce n'était pas assez, le gars qui gère notre quartier, eh bien ce n'est pas nous qui l'avons mis en place. Nous avons tous voté contre lui! Ce sont les gens des autres immeubles qui l'ont élu, et nous, nous devons vivre avec un vote qui va contre nos intérêts! C'est insensé!

J'ai honte de mon quartier. Avec l'argent qu'on lui envoie via les frais de condo, vous savez ce qu'il fait, le gars qui gère le quartier? Il entretient une *gang* de rue… C'est terrible, hein? Il envoie sa *gang* de rue tabasser des gens dans le quartier afghan. Il invente toutes sortes de raisons pour envoyer des jeunes se battre contre eux. Et il y a des morts! Des deux côtés, il y a des morts! Il y a même des jeunes de mon immeuble qui sont allés aider la *gang* de rue du quartier. On leur donne des armes et on leur fait croire plein d'histoires farfelues, et la *gang* de rue va tuer des innocents au nom de telle ou telle menterie! Les jeunes de mon immeuble, ils n'ont rien à voir avec tous ces conflits! La dernière fois, on les a envoyés dans le quartier iraquien en leur faisant croire qu'il y avait des armes cachées dans un cabanon. Il n'y avait là aucune arme cachée, mais la *gang* de rue a quand même massacré une foule d'innocents parce qu'elle avait des ordres. C'est honteux, non?

Les gens qui habitent mon immeuble sont majoritairement en désaccord avec ce que fait cette *gang* de rue. Les gens qui habitent mon immeuble sont pacifiques.

Je ne sais plus trop quoi faire… Quand je me plains de tout ça aux gens qui habitent mon immeuble, on me dit que je m'en fais pour rien. Mais je ne m'en fais pas pour rien! Je m'en fais pour notre avenir à tous! C'est pour ça que je dis que nous devons gérer nous-mêmes notre immeuble et arrêter de payer des frais de condo pour des immeubles que nous n'habitons pas et qui, en plus de ne nous servir à rien, nous coûtent cher et nous font une sale réputation.

C'est dur d'essayer de faire comprendre ça aux gens de mon immeuble, parce qu'ils travaillent et ils n'ont pas seulement ça à faire, de m'écouter. J'aimerais bien pouvoir leur parler en passant par la télévision, la radio ou le journal. Ce serait plus rapide et plus efficace. Mais le problème, c'est que, dans notre immeuble, il y a seulement un poste de télé, un poste de radio et un journal. Et c'est le même gars qui s'occupe des trois. Et ce gars-là, lui, il ne veut pas que nous gérions nous-mêmes notre immeuble, parce qu'il sait que, dans notre sous-sol, il y a d'autres réservoirs de mazout bien pleins qu'il peut venir siphonner. Il sait que, si on devient indépendant, on va pouvoir interdire à des gars comme lui de siphonner sans payer. Alors, il fait tout pour que le monde pense que ce n'est pas correct d'être indépendant. Et, en attendant que le monde de mon immeuble se réveille, lui, il en profite. Et, vu qu'il est *chum* avec le gérant de notre immeuble, il a des passe-droits pour venir vider la cave. Et, vu que le monde de mon immeuble ne dit jamais un mot plus haut que l'autre, ça va être facile pour lui de nous fourrer d'aplomb. C'est inquiétant, non ?

Il y a le recyclage aussi. Ça aussi, ça m'enrage. Nous autres, dans notre immeuble, nous recyclons. Mais les autres immeubles du quartier, ils ne recyclent pas parce que le gérant du quartier ne veut pas signer l'accord pour diminuer les ordures. À cause de lui, ça se peut qu'on soit obligés de payer une taxe de pénalité parce qu'on refuse de recycler. Mais on ne refuse pas ! On recycle, nous autres ! Et on va être pénalisés à cause d'un gars qu'on n'a pas élu et qui ne nous représente pas du tout ! C'est stupide.

Mais là, je pense que la souveraineté s'en vient. Je pense que le monde se réveille. On n'a jamais autant parlé d'indépendance. Les gens commencent à comprendre que le gars qu'on n'a pas élu et qui gère quand même le quartier, que ce gars-là, il est dangereux. Les gens se rendent compte qu'on paye souvent en double pour plein d'affaires qui ne nous concernent pas et qui ne valent rien. Les gens sont tannés qu'on ne puisse pas parler en notre nom et qu'on ne puisse pas signer nos contrats nous autres mêmes. Les gens voient bien que le gérant du quartier les traite comme des enfants déficients. Alors, je pense que les gens vont voir clair et qu'ils vont remplacer le gérant de notre immeuble par un gérant qui parle très clairement d'indépendance. Ils vont voter pour un gérant qui nous donne tous les avantages économiques d'être des propriétaires, au lieu de demeurer éternellement de vulgaires locataires.

Quand je pense qu'il y a des gens qui ont seulement à dire «Oui» pour devenir propriétaires et qui disent quand même «Non»… C'est grave, hein?

9

ALLOCUTION SÉRIEUSE D'UN CANDIDAT À L'INVESTITURE… DE SON PAYS

Emmanuel Bilodeau

Mesdames, messieurs, Canadiens et Canadiennes de Montréal, Québécois et Québécoises ; Acariens et Acadiennes, Attikameks, Innus, Montagnais, pis toute ; Haïtiens et Haïtiennes ; Lichetencheniens et Lichele-chteiniennes, Libyens et Lichebiennes, permettez-moi de m'adresser en bilingue et multilingue à tous les résidants du territoire un peu à l'est de Toronto et à l'ouest de Fredericton, accommodés raisonnablement ou pas accommodants pantoute…

Mesdames, messieurs, Tunisiens et Tunisiennes libres, Égyptiens et Égyptiennes libres, Sud-Soudanais et Sud-Soudanaises libres, Écossais et Écossaises, Irlandais et Irlandaises, Québécois et Québécoises, *what the fuck?!*…

Mesdames, messieurs, bonsoir, chers Québécois Québecor, *ladies and*-ou *women* ; *señoras, señoritas* ; anglophones, anglophobes, Chinois mandarins ou mandarines, Viennois ou viennoiseries ou chocolatines, propriétaires de kirpan ou de canif suisse, de tchador-burka, ou de tuques dans face-mitaines-foulards...

Gens brillants, gens inspirants ou Jean Charest; monsieur le président-*mister president*, M. Obama (en passant, si vous êtes dans la salle, bravo pour Ben Laden), M. Harper, même si vous n'êtes jamais dans la salle (bravo pour... pour, euh, pour votre ben belle bedaine), distingués ministres rompus à l'art du compromis, ou corrompus au lard de vos amis, mafieux et mafieuses (*il padrino bueno sera*), FTQ-corruption, *nobodies, wanabees, ass-beens or ass-holes. How old are you,* bonsoir.

Messieurs les grands propriétaires du fier Québec français: Tim Norton, Star-Puck, *USA market, China homemade* cochonneries, Buy-More-My-Future-is-Stop, Swiffter, Wallmarde, Home Depot-Ontario-Hardware, Club Price-Cost-Trop... Cross-trop, Ontario profit-Rio Tinto-Hydro, Powercropp... *Powerfull of cash, and* abris fiscaux, *and mines and goldfinger and forest and gaz of shale-shit and shshnauzer and gaz of Shania Twain, come on down in Quebec, where the price is free, and abuse us, amuse yourself, abuse our soul and sous-soul, and by the way take the* pétrole, *all you can eat! No trouble, we shut the fuck up! And in the name of* LucienTalisman Butch Bouchard, *welcome* icitte, bienvenue *in Quebec* terroir, *where everything is* gratis en câlisse.

Mesdames, messieurs, *the whole* Québec entier est déprimé, dépossédé, *have* la falle-basse-plotte-à-terre, pis moi aussi en maudit, imaginez Pierre Curzi... et Pauline Marois... deux grands Canadiens... de Montréal qui aiment bien se *cross-checker* dans les coins.

Parlant de Canadien et de *cross-check*, permettez-moi une 'tite parenthèse à propos d'un grand Bostonnais: Zdeno Chara. *If you are* dans la salle, mon beau grand fendant, reste assis; la devise du Québec est « Je me souviens »; c'est pas parce que *you won the Stanley Cup* qu'on va te pardonner ta tentative de meurtre. *I want to tell you in the name of Quebecers and Pacioretty : attach your cass with* de la broche, *because when the Nordiques of Quebecor city are going to play with lots of big bad French frogs in the Régis-Labeaume arena, I promise that you will feel* petit en maudit *in your jackstrap* !

Qui sommes-nous, les Québécois ? *Who are we, famous french-fried-hot-dog and poutine eaters ? Porque pognès le beigness ? Why eux ali-gato- tai yeule feu made in China feu… !! Mi tsé ka qué katséfaï, va fanculo… Badé bass et la ha choufl baher… Al-Qaïda Al Canada ma-r-halait, pis y mar-hale encorrrr ! Rawoye Québec réveille yahia Québec horaaa ahmilii-ririi moudjahidines !*

Nous sommes huit millions de personnes sympathiques, multiethniques et multigraines, bio, écolo et pognées dans le trafic, nous sommes des personnes attachantes, pacifiques et faciles à fourrer, *we are slots of people pathetic*, sans rêve et sans projet collectif, *pognéted in the dreamwhip, and even then, we do not prostate a lot* et *go down the street for a* moratoire sur la corruption des gaz de juges.

Depuis 1980 et 1995, nous avons dû développer notre sens de l'humour, et bien peu notre sens de l'honneur. Nous acceptons docilement et servilement, à coups de centaines de millions chaque année, de demeurer dans ce beau grand pays paraplégique, *to stay in this beautiful Saskatchewan*, afin de conserver le Sénat et les Sénateurs… dans le formol et d'être mis en conserve, *to be remote controled by Stephen Harder and little new old NPD, and the Queen and princess Kate-Winslet-Middleton and lady died ! But Marry Poppins is still Alive et vive Disney Land is still the only dream we have !* On n'est pas encore fatigués de disparaître à petit feu. *We are Canadian Tired !*

En terminant. Mesdames, messieurs, sans *joke*. *Babies and children, with no* humour : les Québécois de toutes origines méritent beaucoup mieux pour eux-mêmes, pis pour leurs enfants, ils méritent, à mon humble avis, des dirigeants inspirants, intègres, dans un pays où ils se sentent tous chez eux, une nation essentiellement francophone mais accueillante, forte et fière de sa diversité, qui soit un modèle de prospérité économique, sociale et écologique, un pays et une culture qui ne seront plus jamais inquiets de leur survivance. Mature, normal, qui nous appartienne pour vrai, y compris ses richesses naturelles, et dans lequel on va décider nous-mêmes de notre avenir. C'est rien de révolutionnaire, c'est juste normal. Tous les peuples le font, pourquoi pas nous ? *Why the fuck… not… noune ?*

10

PATHOGENÈSE DU SOUVERAINISTE FRILEUX

Joannie Dupuis

Dans le cadre de cette fabuleuse étude de cas, nous dresserons le portrait de deux individus ayant été identifiés comme foncièrement d'appartenance québécoise. Plus particulièrement, il s'agit de sujets s'identifiant spontanément comme Québécois plutôt que Canadiens et partageant, dans leur quotidien, les us et coutumes propres au peuple québécois, aussi bien au niveau idéologique qu'aux niveaux langagier et alimentaire. Après la présentation de leur portrait, nous tenterons d'établir leur pathologie politique afin de jeter la lumière sur les mystérieuses raisons pouvant expliquer qu'ils s'opposent à la souveraineté du Québec lorsque celle-ci, à défaut d'être un idéal lointain, devient une éventualité imminente.

La vedette
Si vous lui demandiez qu'il vous parle de son enfance, vous auriez probablement l'impression d'avoir affaire à l'enfant québécois typique. Sans doute, il vous

raconterait tous ces Noëls et tous ces réveillons du jour de l'An qu'il avait l'habitude de passer en famille. Avec quelques efforts, il en viendrait même à se souvenir de quelques bribes des vieilles chansons assommantes que fredonnait sa grand-mère, ainsi que de l'envoûtante odeur de la dinde qui cuisait doucement dans le four, et qu'il fallait s'assurer de bien arroser à chaque heure. Certainement, il se souviendrait aussi de cette toute première fois où il avait vu son père sortir de ses gonds après que le commentateur à la télé eut parlé en mal du Rocket, qu'il surnommait fièrement son « héros national ». Puis, à la condition que vous lui promettiez de l'emporter dans votre tombe, peut-être vous confierait-il même qu'au début de son adolescence, il était follement amoureux de sa cousine. Elle avait quelques années de plus que lui, il avait des boutons et, contrairement aux filles de son école, elle était toujours gentille avec lui. Du moins jusqu'au jour où il essaya brusquement de l'embrasser. Bref, s'il vous parle de son enfance, vous auriez certainement l'impression d'avoir affaire à celui dont l'histoire est celle d'un peu tout le monde.

Une fois adulte, l'enfant québécois typique se maria peut-être, et peut-être même assura-t-il sa descendance. En fait, parce que l'histoire ne dit jamais tout, ce qu'il importe vraiment de savoir, c'est qu'il posséda une belle voiture et habita une belle maison dans un beau quartier. Avec ce qu'il fallait d'éducation, un chic habit et les honorables valeurs que lui avaient transmises ses parents, il s'était trouvé un quelconque emploi. De celui-ci, il percevait un salaire que tout être sensé aurait jugé tout à fait décent, et comme il croyait qu'il y aurait toujours une demande pour ce quelconque emploi, il considérait que sa situation était et demeurerait stable et confortable. Une fois adulte, l'enfant québécois typique devint donc un adulte québécois typique. Le figurant d'une société majoritairement composée de figurants. Bien entendu, ce n'était pas là l'opinion qu'il avait de lui-même. Peut-être était-ce la secrète opinion qu'il avait des autres, mais lorsqu'il regardait sa carte-soleil, il n'y voyait pas n'importe qui. Il y voyait un homme dont il était fier.

Comme tout le monde, parce qu'il était n'importe qui, il aspirait à réussir et souhaitait devenir quelqu'un. Quelqu'un d'important, quelqu'un qui inspirerait le respect et, pourquoi pas, l'admiration de ces autres qui, comme lui, étaient n'importe qui. Or, comme n'importe qui, il n'était le descendant d'aucune illustre famille et ne possédait, croyait-il, aucun talent particulier. Qu'à cela ne tienne, il avait un jour pris conscience du fait qu'il n'avait pas besoin de chanter en duo avec Yann Perreau, ou de faire rire les gens comme le fait Guillaume Wagner, pour être une vedette. Il fit donc comme l'adulte québécois typique. Il se mit à trimer dur, à cotiser à un REER, à économiser et à se priver de certaines frivolités dispendieuses parce que luxueuses, comme le papier hygiénique à trois épaisseurs ou les brosses à dents dotées d'une brosse à langue. Dans son for intérieur, l'herbe de sa pelouse était plus verte que celle des autres, sa voiture était plus puissante que celle des autres et sa maison était plus spacieuse que celle des autres. Il était sa propre vedette et personne ne pourrait jamais lui enlever ce qu'il avait mis tant d'efforts à acquérir.

Pathologie politique

Lorsqu'elle a l'impression d'être parvenue au sommet de son art, la vedette a souvent tendance à se représenter la nouveauté et le changement comme des menaces. Fière de ses accomplissements et des difficultés qu'elle dut surmonter pour y arriver, la vedette est persuadée qu'elle ne doit rien à personne, sinon à elle-même. Face à la question de la souveraineté du Québec, bien qu'elle puisse être foncièrement en sa faveur, elle ne tient que rarement compte des avantages collectifs qui y sont reliés. Ainsi, elle a conscience que le Québec pourrait gérer ses propres finances, négocier ses propres exportations et signer ses propres traités : toutefois, cela est, pour elle, de second ordre. Elle refusera catégoriquement que la souveraineté du Québec puisse lui coûter quelque chose et justifiera son opposition à celle-ci en invoquant le fait que personne ne peut lui fournir une estimation exacte et dresser pour elle la liste des prix associés aux changements que cette souveraineté engendrera. Dans l'absolu, ce n'est donc jamais directement contre l'indépendance qu'elle s'élève, bien au contraire.

La vertueuse

Au parc, les fleurs « odoraient » gaiement, pendant que l'herbe se laissait nonchalamment piétiner. C'était une de ces journées d'été comme il y en a parfois. Depuis un certain temps déjà, la vertueuse avait pris l'habitude de traverser le parc à pied pour retourner chez elle. Durant les quelques minutes que lui prenait ce trajet, elle en profitait pour observer les enfants qui jouaient et enviait au passage les parents qui, tantôt sereinement, tantôt impatiemment, guettaient les prochaines écorchures et bousculades. Il n'y avait pas à dire, elle aimait les enfants. Elle les aimait depuis toujours et aurait tristement voulu en avoir. Dès l'enfance, elle avait su se montrer responsable et vertueuse. Dans la cour d'école, c'était elle qui tentait de faire entendre raison aux tannants qui voulaient commettre des mauvais coups. C'était elle qui toujours accourait à la rescousse des camarades en détresse ou qui, de bon cœur, partageait volontiers sa collation avec ses amis. C'était elle qui jamais ne remettait à demain les devoirs et les lectures qu'elle pouvait faire le jour même, et qui n'aurait d'aucune façon pu se coucher sans s'être soigneusement passé la soie dentaire.

Selon elle, il y avait certains standards minimaux qu'il fallait atteindre dans la vie avant de pouvoir sérieusement envisager la possibilité de fonder une famille. D'abord, elle souhaitait ne pas être de celles qui font des enfants trop jeunes, ni de celles qui font des enfants trop vieilles. Puis, il fallait trouver le partenaire approprié. Celui qui aurait une bonne situation et saurait se montrer à la fois viril, sensible et fidèle. Ensuite, il fallait songer aux considérations pratiques et matérielles. Des considérations sur lesquelles on pouvait s'étendre toute une vie. Ainsi, pour avoir des enfants, il fallait avoir une situation financière solide et stable. Or, pour avoir une telle situation, il fallait occuper un bon emploi et engager des dépenses proportionnelles à ses revenus. Toujours est-il, cependant, qu'il ne fallait pas que cet emploi soit trop accaparant, autrement, à quoi bon avoir des enfants si on ne peut passer du temps de qualité avec eux. Pour son entourage, elle était un modèle de sérieux et de vertu. Un modèle bien morne et qui ne faisait certes envie à personne, mais un modèle quand même.

L'estime et l'image de soi sont deux entités bien distinctes qui, parce qu'elles se rapportent toutes deux au soi, sont néanmoins intrinsèquement et intimement reliées. Parce qu'elle était responsable et vertueuse, les autres la voyaient comme une personne qui, justement, s'estimait parce qu'elle était responsable et vertueuse. Et parce que les autres la voyaient comme une personne qui s'estimait parce qu'elle était responsable et vertueuse, elle se sentait responsable et vertueuse. Après tout, ce que nous sommes, nous le sommes toujours vis-à-vis d'un autre, fût-ce notre propre conscience.

Pour elle, avoir des enfants représentait quelque chose d'extrêmement sérieux. Elle n'était plus très jeune. Elle commençait à être un peu vieille. C'était ce qu'elle pensait. Elle était responsable et vertueuse. Elle avait attendu et continuait d'attendre le moment parfait, celui qui ne vient jamais.

Pathologie politique
La vertueuse est cette personne dont le seul défaut se résume à sa plus grande qualité, la vertu. Incapable de prendre des décisions ou d'entreprendre des actions importantes, elle a le réflexe de se réfugier dans l'incommensurable analyse des infinies considérations possibles et envisageables touchant de près ou de loin lesdites décisions ou actions. Justifiant son immobilisme par le fait qu'elle est responsable et réfléchie, elle ne peut voir la fuite que constitue pourtant un tel comportement. Ainsi, elle ne se résout généralement à prendre une décision ou à entreprendre une action importante que lorsqu'elle a l'ultime conviction que toutes les conjonctures soigneusement étudiées y sont parfaitement favorables. Conséquemment, la vertueuse réalise rarement ses rêves et sombre souvent dans l'acceptation candide de la placidité de sa vie. Ainsi, fondamentalement, elle peut être pour la souveraineté du Québec. Seulement, comme il s'agit là d'une importante décision à prendre, la vertueuse risque plutôt de se perdre dans des ruminations interminables et de ne jamais s'affirmer politiquement.

***

En 1995, je n'étais qu'une enfant, et pourtant je garde de précieux souvenirs du référendum qui s'était tenu. Je me souviens encore de la fébrilité et de l'enthousiasme qui se lisaient dans les yeux de ceux qui témoignaient de leur espoir de voir enfin le Québec devenir souverain. Je me souviens aussi de ceux qui, sous la menace, tentaient de nous faire croire que nous n'avions pas ce qu'il fallait d'intelligence et de compétence pour pouvoir faire l'indépendance. En ce qui me concerne, je ne pense pas être une extrémiste ni une masochiste. Je pense être de celles et de ceux qui, après une réflexion de plusieurs années, ont décidé que la peur et le doute ne dicteraient ni leur vie, ni leurs convictions politiques. Je l'avoue, j'ai longtemps douté du potentiel de la souveraineté. Puis, avec temps et questionnement, j'ai compris que mes doutes ne touchaient en rien à la souveraineté elle-même. Ils renvoyaient plutôt à des implications pratiques accessoires.

Aujourd'hui, plutôt que de vivre par et pour le doute, je préfère croire que les Québécois sont parfaitement capables de devenir enfin québécois. En un sens, la vedette et la vertueuse ont en partie toutes deux raison : la souveraineté du Québec occasionnera sans doute certains coûts et, pour être réaliste, le moment ne sera jamais parfait. Cependant, il faut se l'avouer, le fait d'être asservi au Canada nous empêche de réaliser notre plein potentiel. Avant toute chose, je pense qu'il faut se demander qui l'on est et s'il s'agit véritablement de ce que nous sommes et voulons être. Pour ma part, je sais qui je suis. Je m'appelle Joannie Dupuis, je suis fondamentalement québécoise et résolument souverainiste.

11

LE LIEU COLLECTIF

Catherine Dorion

Ce ne sont pas les Québécois qui sont tristes
    et moroses
ce n'est pas le Québec qui est triste et morose
c'est notre « lieu collectif » qui est triste.
Ce n'est pas un lieu matériel
mais c'est un lieu réel.
Et dans un monde matérialiste le réel nous manque
    avec tant de force qu'on n'arrive même plus à se
    rappeler de quoi il est fait
ne reste en chacun de nous qu'un trou en forme
    de ce que nous aimions
de ce que nous étions
mais dont nous sommes en train de perdre
    le souvenir peu à peu
comme dans l'*Histoire sans fin*
une histoire sans commencement
une histoire sans histoire
bah
nous ne serons pas les premiers à démissionner

nous ne serons pas les premiers à décider de ne pas
    faire d'histoires

Mais nous ne sommes pas si malheureux
. aux Galeries de la Capitale je vois des gens rire,
    heureux en famille malgré l'incommensurable
    manque de poésie des lieux, la pollution musicale
    et les publicités pleines à craquer de bonheur
    cheap
je nous regarde et je me console : la joie est tenace
    comme une gracieuse mauvaise herbe
nous ne sommes pas si malheureux nous sommes
    capables d'éclats de rire sortis du fond du ventre,
    capables d'amour, de bonté, de tout ce qui est
    doux de la vie entre humains
nous ne sommes pas si malheureux

Mais il y a un lieu où il ne faut pas nous emmener
un lieu où nous devenons sombres et honteux
et sans pitié.
C'est notre lieu collectif.
Dès qu'on s'en approche, avant même qu'on y soit,
    les insultes fusent déjà.
Ça siffle méchamment, ça soupire avec mépris, ça
    jette les journaux dans le recyclage en gueulant.
Le Québec, c'est une société de B.S.
le Québec pense juste à sa maison en banlieue,
    son chien, sa tondeuse pis son char
le Québec est une province de colonisés
le Québec est colon il fait juste répéter ce que
    les journaux disent
le Québec est corrompu pourri
le Québec se fout du Québec
le Québec se fout de l'Afrique
le Québec se fout de se faire marcher dessus
le Québec se fout de toute
le Québec dit non à toute

Notre indépendance

le Québec est vieux pis peureux
le Québec est un gros *boomer* en bobettes qui joue
     à Vidéoway dans son *lazy-boy*
le Québec est raciste
le Québec veut toujours du changement rien que
     pour se désennuyer
le Québec veut jamais rien changer
le Québec c'est morose, c'est plate à mort,
     c'est mort en tabarnak, laisse faire le Québec

C'est laitte ici
ça pue
laisse faire le lieu collectif
oublie ça
fais ton chemin mon grand
tu vas aller plus loin.
Tu veux être *hot*? Tu veux flasher? T'es un leader
     de demain? Tu veux t'élever au-dessus de
     la morosité? Tu veux être un des *successful*
     Quebeckers, Quebeckian, Quebecois, what do you
     call it? Anyway. First: if you wanna succeed, laisse
     faire le lieu collectif d'où tu viens, c'est pas de
     ta faute c'est un lieu désolé, c'est un corps laissé
     là après la bataille, c'est des *beams* de métal qui
     fument après l'incendie, c'est des couloirs de
     HLM qui sentent la solitude pis le pot, c'est ce
     qu'il reste dans la ruelle du restaurant quand
     les vidangeurs sont passés.
laisse faire
regarde du côté de ceux qui n'ont pas de complexes
regarde du côté propre où ça ne se néglige pas
     soi-même
regarde du côté des gagnants
bien sûr il te restera peut-être le malaise d'être
     de cette collectivité-là qui n'est pas très *hot*
     bien sûr il te restera une espèce de crochitude

incarnée mais avec un peu de chance tu ne
    la transmettras pas à tes enfants
ça devrait disparaître c'est un gène récessif
c'est une collectivité de récession
mais toi tu seras fort
tu feras comme ceux qui ont eu une enfance
    mauvaise et qui la mettent sous le tapis une fois
    pour toutes
tu n'en parleras plus
tu n'y penseras plus
quelques cauchemars inconfortables sans plus
une impression, légère la plupart du temps,
    de marcher à côté de toi-même sans plus
mais tu seras maintenant au beau, au très beau
    milieu de ces centaines de millions
    de décomplexés, au beau milieu de leur culture
    de bouffe surgelée et de musique d'ordinateur,
    their way of life, their huge credit line, their dream
    of being on tv
tu entres dans une culture propulsatrice
dans cette culture qui est le hummer-limousine
    de toutes les cultures
tu ne renies en toi-même qu'un lieu collectif dévasté
    et enfin tu réussis *and comes the media exposure*
    and flows the cash

On dit que les Québécois n'aiment pas les
    Québécois qui réussissent
mais c'est que les Québécois, au fond d'eux-mêmes,
    exactement là où ça sent le renfermé, se sentent
    abandonnés par ceux qui ont renié le collectif
    pour réussir tout seuls, sans eux
à preuve, ceux qui réussissent sans se départir du
    Québec en eux sont idolâtrés par les Québécois
    comme la Bible ne le permettrait jamais
Gilles Vigneault, Yvon Deschamps, Sol, Richard
    Desjardins, Fred Pellerin

Notre indépendance

mais qu'ont fait ceux-là?

Ils ont mis le pied en plein dans cette terre désolée
    du lieu collectif québécois et l'ont observée avec
    amour. Ils l'ont observée comme un travailleur
    de rue regarde l'homme perdu qu'il a devant
    lui sans se dire : « Ark, que t'es laitte, ta vie c'est
    de la marde, tu n'iras jamais nulle part, ark, que
    j'aimerais mieux ne pas être vu en ta présence... »

Ils l'ont observée comme un travailleur de rue
    regarde l'homme perdu et aperçoit sous les
    cicatrices et la désolation un homme avec tout
    ce qu'il y a de merveilleux en l'homme

sa vulnérabilité

devenue expérience

devenue profondeur

en voie de devenir, peut-être, avec un peu d'aide,
    de force

et non seulement il voit cet homme avec d'autres
    yeux que ceux de l'air du temps

avec d'autres yeux que ceux des sondages qui
    tiennent en esclavage toute une civilisation
    de regardeux de télé

mais il n'a pas peur de se reconnaître en lui

devant lui il n'y a pas qu'un homme perdu

devant lui c'est son frère, c'est son vieux père,
    c'est son fils

devant lui c'est lui-même, la même voix, les mêmes
    yeux, les mêmes superbes avant-bras veineux
    sculptés par les soucis

et par le passé

la même chaude et rare humanité délicieuse au fond
    du regard derrière la souffrance

et au lieu de céder à la honte et à l'ambition pour
    se détourner de cet homme perdu, les Vigneault
    et Pellerin demeurent aimants et curieux, tristes
    souvent, mais curieux et aimants, bien installés
    au centre de la réalité

pendant qu'autour d'eux frénétiquement on
    continue de lutter pour la croissance du PIB
    et pour la liberté sacrée de passer ses journées
    de congé dans les centres d'achat à s'enterrer sous
    les bébelles d'une armée d'enfants d'Asie
sous des objets qui n'ont rien à voir avec rien
Où est passée notre histoire? Qu'a-t-on fait
    du conte qui nous racontait? Pourquoi nous
    sommes-nous enterrés sous des bébelles aussi
    laides?
Nous sommes huit millions avec chacun notre
    moignon au bout duquel manque ce lieu collectif
    que nous trouvons encore laid même après
    toutes ces chansons qui répétaient comme pour
    conjurer le mauvais sort: « Fier d'être québécois »,
    mais malgré les contractions douloureuses qui
    nous prennent de temps en temps, la honte refuse
    obstinément de passer et nous sommes fatigués
    de pousser

[En français international:]
Et nous essayons toujours aussi fort de nous
    déguiser
écoutez-moi je n'ai pas d'accent
ni en anglais ni en français
vous ne pourrez même pas deviner d'où je viens on
    me dit que je n'ai pas d'accent et je soupire de
    soulagement
j'ai voulu que vous m'aimiez et c'est pour cela que je
    ne suis plus personne
regardez comme je suis devenu fade, comme je suis
    devenue ce que vous attendiez de moi
mais n'attendez plus de moi aucune originalité
aucun génie
aucune douceur
aucune vérité
aucune poésie

Notre indépendance

rien de tout ce qui manque si cruellement à notre
    monde
j'ai disparu loin derrière moi-même pour être
    certain que vous n'ayez plus rien à redire sur moi
car c'est vous qui savez ce qu'il est bien d'être
    n'est-ce pas
moi, je ne vaux pas grand-chose, je ne sais pas
    grand-chose
et les miens ne sont pas très intéressants

[En québécois:]
Mais tout à coup
devant l'amour et la curiosité du travailleur de rue
l'homme perdu se met à bouger
son cœur tremble, ses muscles se relâchent, une
    détente soudaine et non ressentie depuis trop
    longtemps le prend, il sourit, il pleure. S'il
    avait trois ans, il sauterait dans les bras de son
    bienfaiteur pour se mettre en boule dans sa
    chaleur, mais c'est un adulte, c'est un homme;
    il se retient, il écoute l'émotion se cogner contre
    toutes les parois de sa poitrine de bûcheron
    alcoolique qui voudrait déborder de son corps
il tâte sa bouteille de robine et pour la première fois
    depuis des décennies il trouve ça immensément
    triste, lui aussi, de s'être méprisé à ce point
c'est une bonne tristesse pleine de tendresse
une qui a en dedans d'elle des remous, des caresses,
    des massages
c'est une tristesse lucide et bonne et claire qui
    donne envie de sortir du bourbier et de goûter
    enfin la confiance et la paix
qui donne même envie
peut-être
qui donne même envie
peut-être
d'avoir des projets

Écoutez la beauté des langues qui se présentent
   au micro sans se déguiser
entendez la poésie qu'il y a à ne pas se défiler
écoutez la poésie qu'il y a à filer plutôt, à tisser, à
   tricoter serré, à faire quelque chose de nos mains
   qui nous rappelle ce que nous n'avons jamais
   connu mais que nous reconnaissons, quelque
   chose qui sent le violon et la musique à bouche
   et qui respire l'artisanat qui vaut cher parce qu'il
   est fait à la main
entendez la vérité qu'il y a lorsqu'on ne fait que
   mettre le pied dans notre lieu collectif tout
   croche pour l'aimer
écoutez le silence

C'est nous qui avons raison et nous le savons
nous ne sommes pas comme vous
nous ne cherchons à haïr nul autre que
   nous-mêmes
nous aimons le calme et l'harmonie, et comme
   des Tibétains au cœur lourd nous irons jusqu'à
   disparaître au profit de l'harmonie
nous irons jusqu'à ne plus dire mot jusqu'à ne plus
   parler langue
puisque vous vous obstinez à parler si fort
à nous étourdir de vos violentes trompettes qui font
   que nous avons arrêté de jouer de la musique
   ensemble pour vous laisser nous jouer votre *show*
que nous avons arrêté de danser ensemble
que nous avons arrêté de conter des histoires,
   de raconter notre histoire ensemble
que nous avons tout arrêté pour vous laisser la place
puisque vous la vouliez tant puisque vos télévisions
   criaient si fort leur vérité
puisque dès lors nous n'avions plus besoin de
   conteurs ni de guimbardes

Notre indépendance

puisque vos magasins étaient si rutilants que nous,
  Indiens soûlés par l'arrivée du conquérant, nous
  avons tout mis de côté pour le plaisir de jouer
  avec votre quincaillerie

Mais écoutez ne serait-ce qu'une seule fois la beauté
  des langues qui se présentent au micro sans se
  déguiser
et si nous devenions une armée de travailleurs
  de rue au cœur en éponge de mer
et si nous sortions de la grande noirceur
et si nous entrions dans la grande douceur
et si nous ouvrions les pièces closes et laissions
  sortir de nos poitrines toute l'émotion trop
  large pour elles et si nous remplissions l'espace
  collectif de cette émotion au front de bœuf et
  si nous y plantions des arbres à fierté et si nous
  envoyions promener tous ceux qui nous diront
  que nous rêvons en couleur et qu'il vaut mieux
  travailler et oublier, travailler et trouver lourde
  la vie, travailler et mourir, et si nous envoyions
  promener tout ce qui maintient sous terre,
  à coups de railleries, notre envie de beauté,
  et si nous faisions « pff » à l'intimidation des
  meneurs de monde, des possédeurs de canaux de
  nouvelles, des directeurs de conscience, et si nous
  redevenions maîtres de nos consciences, de notre
  conscience collective et de ses superbes terrains
  vagues, de nos danses, de nos chants et de nos
  histoires, et si nous nous mettions à vivre comme
  des êtres humains, c'est-à-dire ensemble et vivant
  notre territoire plein d'eau, de français étrange,
  de sapins et de toute cette immense tendresse qui
  attend son heure.

12

L'ÉPOPÉE DE JEAN

Jonathan Thuot

Rouge à cause de ses efforts, Jean est assis sur le siège
de toilette. Il y a déjà un certain temps qu'il traîne sur
le trône, notamment parce que ses pensées vagabon-
dent. Après avoir lu un article sur l'anglicisation de
Montréal, il concentre ses réflexions sur la situation
du Québec. En fait, il a peur. Peur de perdre sa culture,
sa langue qu'il chérit tant.

De tout temps, Jean s'est méfié de ce qui pourrait
mettre en péril sa patrie. Il a vu d'un œil inquiet l'arrivée des gens de cultures différentes, se multipliant au
même rythme que les personnages bibliques. Ayant eu
à cœur les débats autour de la commission Bouchard-
Taylor, il était l'un des partisans aguerris de l'instaura-
tion de mesures drastiques à l'encontre des pratiques
religieuses de ses voisins moyen-orientaux. Quand on
laisse la porte ouverte, les bibittes entrent, a-t-il cou-
tume de lancer à ce sujet.

Pourtant, ce penseur de Rodin de «bécosses» n'est
pas à proprement parler raciste : il est xénophobe dans

la première acception du mot. Il souffre de ce que Freud appelle l'altérité. Il n'a rien contre l'individu étranger, il en a plutôt contre la menace implicite qu'il lui associe, en tant que peuple extérieur.

Jean aimerait bien s'arrêter à ces menaces du dehors, qui sont pour lui déjà considérables. Malheureusement, en connaisseur de l'Histoire, il sait que c'est souvent l'intérieur qu'il faut le plus craindre. Il est donc logique que notre homme évite le plus possible tout contact avec les libéraux ou, comme il aime les appeler, les Procanada. De véritables traîtres, voilà ce qu'il pense.

S'apercevant que ce n'est pas la meilleure façon de mettre un terme à ce qu'il est venu faire en cet endroit en s'excitant ainsi, il force son esprit au calme et termine sa besogne.

***

Pour se changer les idées, Jean sort dans la ville. Après quelques coins de rue, le promeneur se rend compte qu'il a faim. Quoi de plus satisfaisant pour calmer les borborygmes qu'une poutine? pense-t-il. Le Valentine est donc sa nouvelle destination.

Choisissant une table à côté d'une fenêtre, il se met à observer les passants dans la rue. Bientôt lassé de ce passe-temps, il dirige son attention vers l'intérieur du restaurant. Un groupe de vieillards se tient dans le fond de la salle, riant très fort, probablement en raison d'une anecdote de l'un d'eux relatant un épisode glorieux d'un passé révolu. Un couple d'une quarantaine d'années mange tranquillement, le mari lisant le journal. Quelques ados se bousculent et élèvent la voix pour lancer des phrases cinglantes, dans le but d'attirer l'attention de la gent féminine.

Un peu en retrait, une jeune Amérindienne déguste un hot-dog. Sans qu'elle s'en soit rendu compte, une tache de moutarde siège dans le coin gauche de sa bouche. Finalement, elle l'essuie avec le bout d'une serviette de table.

Jean est sur le point de s'en détourner quand leurs regards se rencontrent. Au cœur de ses iris sombres, il perçoit une parcelle de tristesse, mais surtout une fierté inébranlable. Jean est entièrement subjugué par cette apparente force de caractère. De surcroît, il sent une sorte d'accusation peser sur lui. Serait-ce parce qu'il représente la race blanche, celle qui s'est octroyé le droit d'exploiter impunément les autochtones? Celle qui a cerné ce peuple des Premières Nations et l'a isolé aux confins du territoire pour ne plus avoir à s'en soucier? Pourquoi sent-il son estomac se nouer ainsi? Décidément, cette femme agit sur lui d'une façon très singulière! Ne faisant ni une ni deux, il termine sa bouchée et se lève pour aller jeter ses restes, bénissant le ciel que l'Amérindienne se tienne juste à côté de la poubelle. Ainsi, il pourra l'aborder sans que cela semble trop suspect.

«Salut, fait-il.

— Euh… Salut.

— Je sais qu'on ne se connaît pas, mais je voulais juste te dire que je te trouve jolie.

— Bien… merci.»

Elle lui sourit. Cette simple manifestation lui enlève un poids énorme des épaules. En fin connaisseur de l'être féminin, il sait que le sourire traduit une incitation implicite à continuer la conversation. À moins qu'il ne soit positionné en coin, signe apparent du sarcasme. Cependant, même si l'entrée en matière est réussie, la partie est loin d'être terminée.

«Je suis surpris de voir quelqu'un comme… toi dans ce genre de restaurant.

— Ah bon? Et quel genre je suis?»

Apparition du sourire en coin. Alerte!

« Je… je voulais rien sous-entendre de particulier, juste que… ben que, vu tes origines, venir dans un *fast-food* majoritairement fréquenté par des Québécois, c'est un peu bizarre, surtout en pensant à l'Histoire…

— Et tu portes la faute de tous tes ancêtres sur le dos ? C'est pas un peu beaucoup pour tes petites épaules ? »

Toujours le même air narquois, mais qui heureusement se classe dans une autre catégorie moins offensive : la gentille moquerie.

« Est-ce que c'est pas vous qui vous souciez de la pérennité de vos ancêtres ?

— Touché. »

Content de lui, il savoure quelques secondes l'effet de sa réplique. Il souhaiterait que ce moment se suspende dans le temps, fixé pour toujours dans sa mémoire. Comble de malheur, il doit enchaîner s'il ne veut pas que le silence perdure et crée un malaise.

« Est-ce que ça fait longtemps que tu habites Montréal ?

— Pas trop. Je viens tout juste de sortir de mon wigwam. Pour célébrer mon départ, mon père, Aigle sauvage, a égorgé un castor avant de faire la danse de la pluie. »

Sa réplique a été dite avec un tel aplomb que Jean met un certain temps avant de se rendre compte qu'il s'agit d'une blague. Honteux de s'être fait prendre ainsi, il rougit, avant de se joindre à la jeune femme dans un éclat de rire.

« Comment tu t'appelles, au fait ?

— Alsoomse.

— Ça s'écrit comme ça se prononce ?

— À peu près, avec deux « o ».

— Est-ce que ça veut dire quelque chose ?

— À toi de le découvrir !

— C'est un défi ? »

Elle lui fait un clin d'œil. Sans trop savoir pourquoi, il trouve qu'il fait affreusement chaud dans le restaurant, malgré l'air climatisé.

***

À la suite d'une conversation sur le même ton que celle entamée au restaurant, ils se retrouvent au lit dans l'appartement du jeune homme. Jean caresse la peau soyeuse et basanée de l'Amérindienne, sentant qu'il pourrait le faire inlassablement. Plongé dans son regard sombre, il la pénètre lentement, savourant chaque spasme et chaque sensation. Symphonie de soupirs.

Enlacés, ils ne disent rien. Jean apprécie ce moment, le souffle d'Alsoomse sur sa poitrine, sa tête contre la sienne. Il se demande si le coup de foudre existe vraiment : la capacité de le cerner revient à tenter d'attraper le vent dans un filet.

Pourtant, à propos de sa patrie, Jean n'a eu aucune hésitation quant à ses sentiments. L'amour a été inné, sans arrière-pensée. Ses paysages époustouflants, sa langue si belle aux milliers d'accents, ses gens si accueillants et si créatifs.

« À quoi penses-tu ? »

Cette question vient couper court à ses réflexions.

« À l'amour.

— Hummm…

— Quoi ?

— Bien, tu sais que c'est pas vraiment ça entre nous, non ? Je veux dire, on ne se reverra pas après. Je pensais que c'était clair…

— Oh non, oui ! C'était juste… Mes pensées divaguaient…

— Ah, O.K. »

Silence.

« Bon, je peux utiliser ta salle de bains ?

— Bien sûr. C'est au bout du couloir, à gauche. »

Elle lui fait un sourire et sort de la pièce. Notre homme se tape le front, se maudissant d'avoir été si stupide. Évidemment que c'est une histoire sans lendemain ! Il n'avait pas voulu lire les signes du non-engagement. Au fond, il lui en veut un peu d'avoir brisé sa rêverie. Peut-être qu'avec un peu d'efforts il arriverait à la faire changer d'avis. Mais, déjà, cette option ne lui dit rien qui vaille.

Alsoomse revient et commence à se rhabiller. Il la regarde faire. Ces gestes anodins viennent massacrer cette espèce d'aura de beauté qui émanait de la jeune femme. Comme si le fait de remettre ses vêtements la ramenait à son état de simple inconnue parmi tant d'autres. Le contraste avec cette fusion qui vient de se produire entre eux met Jean tellement hors de lui qu'il détourne les yeux. Le malaise est palpable. L'Amérindienne a une impulsion de fuite, mais la mine de son amant d'une nuit la fait changer d'idée. Elle s'assoit.

« Heille ! lance-t-elle en le forçant à la regarder dans les yeux. Tu m'as l'air d'un gentil garçon, tu sais. Mais moi, je suis pas prête à m'engager avec quelqu'un pour le moment. J'ai besoin de vivre autre chose, tu comprends ? Je veux profiter de ma liberté.

— Va-t'en. »

Il lâche cela sans conviction. La jeune femme hoche la tête avec un sourire encourageant et se lève. Avant de partir, elle lui donne un petit baiser sur le front. Il feint le dégoût mais se laisse faire. Sans s'en rendre compte, Jean tente de capter les derniers instants de ce moment : les restes du parfum d'Alsoomse, les plis qu'elle a laissés sur le lit, le bruit de ses pas en quittant l'appartement…

Le claquement de la porte coïncide avec une larme orpheline qui fait du slalom sur l'épiderme de Jean. Comme il se sent ridicule ! Pourtant, il ne peut s'empêcher de croire qu'il y avait une connexion entre eux, une espèce de compréhension tacite. Comme d'habitude, il s'est laissé berner par ses illusions. La rage au cœur, il scanne frénétiquement la pièce. Son regard tombe sur le téléphone.

***

« Allo ?

— Oui ? Je vous écoute.

— Je suis bien à la station CFLQ ?

— Effectivement, bienvenue à l'émission *Jasons avec Gendron*.

— Je suis en ondes ?

— Tout à fait, monsieur. Est-ce qu'on peut savoir votre nom ?

— Euh… je m'appelle… Paul !

— Très bien, Paul. De quoi voulez-vous nous entretenir aujourd'hui ?

— D'un sujet qui me tient vraiment à cœur. Voyez-vous, Pierre, je pense qu'il y a trop de races dans notre beau pays. C'est pas sain, ça !

— Vous y allez pas un peu fort ? Il y en a plusieurs qui disent que, justement, c'est ce qui fait la beauté du Québec, le multiculturalisme. Vous n'êtes pas d'accord ?

— Pantoute ! Ils arrivent ici et qu'est-ce qu'ils font ? Ils volent nos femmes, ils volent nos *jobs*, pis ils envoient leurs enfants à l'école anglaise ! Pis quand ils volent pas nos *jobs*, ils se mettent sur le chômage ! Pis qui est-ce qui paye pour ça ? C'est bibi !

— Qu'est-ce que vous suggérez qu'on fasse, qu'on les empêche de venir ?

— Moi, ce que je pense, c'est qu'il faudrait leur imposer un quota d'enfants. Comme ça, on pourrait éviter de se faire envahir d'ici une dizaine d'années. Je voudrais pas faire peur à qui que ce soit, mais juste d'imaginer une armée de ces étrangers qui nous bombardent en criant des insultes dans leurs langues incompréhensibles, j'en ai des frissons dans le dos !

— C'est assez tiré par les cheveux, votre affaire !

— Vous pensez ? Pourtant, c'est ce que tous les experts disent depuis des années ! D'ici 2015, la moitié de l'île de Montréal va être allophone, pis l'autre moitié, anglophone ! Il va juste rester quelques « bozos » comme vous et moi qui allons nous comprendre !

— Vous êtes sûr de vos sources ?

— Aussi sûr que le ciel est bleu, monsieur !

— Écoutez, monsieur, jusqu'à présent, il n'y a que des absurdités qui sont sorties de votre bouche. Je suis pour la liberté d'expression, mais je ne permettrai pas qu'on propage des messages de haine sur les ondes, est-ce qu'on se comprend ?

— Meuh !… Ben là… euh… »

Silence.

« Avez-vous autre chose à ajouter ? Sinon, je passe à un autre appel. »

Raclement de gorge.

« Ben… j'avoue que je me suis laissé emporter. Voyez-vous, je suis un peu perdu présentement. Je pense que j'avais besoin de me défouler…

— Content de vous l'entendre dire, mon ami ! Reconnaître ses erreurs, c'est le premier pas vers l'amélioration ! En attendant, faites attention de ne pas tomber dans les attaques faciles. Si vous avez comme objectif de faire un pays du Québec, à ce que je sens en vous entendant, même si c'est très mal exprimé, c'est avec tous ses habitants que vous aurez à le faire, que ça vous plaise ou non ! Bon courage !

— Ouin… merci.

— Allez, bonne soirée, Paul ! On passe à un autre appel ! »

Clic.

Il vaut mieux que je sorte, finalement, se dit Jean.

***

Pour rejoindre la rue Saint-Jacques, Jean doit passer par une ruelle. Il fait noir. Le jeune homme n'aime pas se retrouver dans l'obscurité. Cela laisse trop de place à l'imagination. Instinctivement, il accélère le pas.

Arrivé à la rue, Jean respire mieux. Son rythme cardiaque ralentit, sa cadence de marche fait de même. Il apprécie l'air qui entre dans ses poumons. Il se sent bien. Pourtant, une boule reste toujours coincée dans sa gorge. Une migraine l'assaille. Il voudrait bien pouvoir s'arracher le front, mais c'est impossible.

De l'autre côté de la chaussée, sous un réverbère, un piéton fredonne un air de jazz. Il adore le jazz. Sans trop savoir pourquoi, il se dirige vers cet homme avec qui il partage un intérêt commun.

« Est-ce que c'est du Bet.e & Stef ?

— *What ?*

— Euh, je… je veux dire, *I was asking what… you sing ?*

— Je te niaise, mon gars ! Je parle français ! »

Sur ce, l'autre part d'un grand éclat de rire. Après s'être ressaisi, Jean se joint à lui.

« J'avoue que tu m'as eu là-dessus ! Où est-ce que tu as appris le français ?

— Ben, à l'école ! Mes parents trouvaient ça important que je m'ouvre le plus de portes possible. J'étais pas sûr au début, mais aujourd'hui je trouve ça pratique !

— Ah oui ? Pourquoi ?

— J'ai une blonde québécoise, et elle parle presque pas anglais ! T'imagines comment j'aurais pu la conquérir en parlant pas la même langue ! À un moment donné, le physique fait pas tout ! Et, de toute façon, c'est une si belle langue, le français ! »

Tout sourire, il fait un clin d'œil. Il est sympathique, ce gars ! Pour un anglophone, se dit Jean.

«Allez, c'est pas tout, ça, mais il faut que j'aille la rejoindre. Elle peut pas se passer de moi! Bonne nuit, mon *chum*!»

— Oui, bonne nuit!»

Notre héros regarde quelques instants cet amoureux retourner à sa douce en fredonnant. Au moins, ils ne sont pas tous antipathiques, pense-t-il. Mais est-ce qu'il est un bon exemple ou plutôt l'exception qui confirme la règle?

Son élan le mène au chemin Glen, vers le nord. Déambulant dans Westmount – incarnation de la puissance anglo-montréalaise –, il se surprend à ne pas ressentir d'animosité. À y regarder de plus près, les gens qu'il y croise lui ressemblent en plusieurs points. Bien sûr, ils ne pensent pas comme lui sur la question politique, mais ils veulent être bien chez eux, ce qui est légitime. Le fait qu'ils n'ont pas la même vision du «chez-soi» n'est pas une raison pour les détester…

Chemin de la Côte-des-Neiges, il croise divers restaurants de différentes origines. Si les immigrés peuvent se vanter de quelque chose, c'est bien de l'avoir par l'estomac! Il mangerait bien un baklava à l'instant même! Si seulement ils n'avaient pas des mœurs si étranges, parfois… Du moins, pour les plus extrémistes d'entre eux… Quoique, dans un sens, on fait à peu près la même chose en n'essayant pas de les comprendre. On agit comme eux, on fait ce qu'on nous a appris…

En tournant son regard, il aperçoit des jeunes qui jouent au hockey dans une ruelle. Des représentants de tous les pays y sont rassemblés, dans le seul but de s'amuser.

Aux abords du mont Royal, Jean est confus. Il lui semble que ses positions s'effondrent peu à peu. Son énergie, sa fougue à vouloir faire l'indépendance du Québec semblent s'éteindre. Après tout, si ce n'est pas pour se venger des Anglais, pour empêcher l'invasion des immigrés, pour se débarrasser de l'ingérence du Canada, pourquoi chercher la souveraineté ? Ces questions virevoltant dans sa tête, Jean entame l'ascension de la montagne.

Après un certain temps de marche en forêt, il débouche sur un coin plus dégagé où trône la sculpture en bois d'un canard. Jean admire la prestance de l'animal, toutes ailes déployées. Il se dit que le canard pourrait être l'emblème d'un Québec souverain. Animal se tenant en bande, majestueux, un peu taquin avec ses coin-coin moqueurs, mais au grand cœur, finalement. Sentant que son propre cœur s'emballe, il continue sa montée.

Un peu plus loin, Jean arrive devant un petit muret de pierre. Pour lui, cela représente sa langue, celle qu'il chérit tant. Cette langue qui a autant de tournures et de parlures que de gens qui la parlent, pareilles à ces milliers de pierres assemblées. En y regardant de plus près, au clair de lune, il distingue que quelqu'un a gravé en lettres majuscules : « Le français, c'est comme le sexe : il faut y goûter pour aimer ça. » Il sourit et grave la phrase dans sa mémoire.

Enfin, notre protagoniste se retrouve à la cime de la montagne. Derrière lui, il peut embrasser une bonne partie de l'île. Il revoit son parcours, ses rencontres avec ceux qu'il considérait comme ses « ennemis ». Il a l'impression de s'être libéré d'un poids énorme, d'une charge qui pesait sur lui depuis trop longtemps. Levant les yeux au ciel, il ne peut que se sentir minuscule devant l'immensité du cosmos. Comme une étoile aux rayons multicolores dans l'infini. Comme une goutte d'eau dans l'océan bleu.

Et, soudain, il songe que, en fin de compte, nous ne pouvons pas faire un pays *contre* quelqu'un, mais seulement *pour* quelqu'un. Pour nous sentir enfin « chez nous ».

13

ENTRE LE MUR ET LA PEINTURE

Yanek Lauzière-Fillion

En bon français, on dirait que je suis pris en sandwich, ou pris entre le mur et la peinture. C'est que je travaille à franciser les immigrants du Québec. Jusque-là, rien de bien surprenant. Surtout rien qui ne me vaille le terme de « sandwich » ! Pourtant, ma profession est particulièrement nébuleuse. Essayer de comprendre le contexte de la francisation au Québec, c'est comme entrer dans la tour des fous du film *Les Douze Travaux d'Astérix*. C'est parcourir, d'un étage à l'autre, une tour qui n'en finit plus, jusqu'à en devenir fou. Néanmoins, ultimement, cette situation alambiquée a ses avantages, considérant ce que mon travail me permet d'accomplir auprès des immigrants, à qui je fais découvrir notre culture. Mais je vais trop vite. Laissez-moi d'abord vous faire visiter notre tour bureaucratique.

Premier étage : le ministère. Je travaille à la francisation des allophones dans le cadre d'un programme conçu par le ministère de l'Immigration et des Communautés culturelles du Québec (MICC). Pourtant, ce n'est pas le MICC qui m'engage. Je ne connais même pas le bâtiment de ce ministère. Je n'y ai jamais mis les pieds.

De toute façon, j'ai reçu récemment une lettre m'expliquant qu'il m'est impossible d'enseigner le français aux immigrants pour le MICC, parce que je n'ai pas les compétences requises. Il est vrai que ma formation est assez éloignée de celle d'un enseignant de français langue seconde, puisque je détiens une maîtrise en histoire de l'art médiéval. Toutefois, ma formation universitaire me permet d'être un bon moniteur en francisation, puisque je suis capable d'engager des discussions sur des sujets variés qui sont liés à la culture québécoise et qui servent de prétexte pour parler le français.

Mais alors, direz-vous, comment peut-il travailler pour le MICC et ne pas y travailler en même temps? C'est un mystère que je n'ai moi-même jamais résolu.

Deuxième étage: le cégep. Essayons de clarifier. Je travaille au nom du MICC, mais je suis engagé par le Service de formation aux entreprises du cégep du Vieux-Montréal. Pour le ministère, je suis un «animateur» – auparavant appelé «moniteur» – tandis que, pour le cégep du Vieux-Montréal, je suis un «technicien en travaux pratiques à la francisation». Je n'ai jamais compris pourquoi on m'appelait «technicien». On s'imagine facilement un technicien en électronique, mais pas en «travaux pratiques à la francisation». Selon les tâches définies par la convention collective, le technicien en travaux pratiques exerce entre autres les fonctions de démonstrateur-démonstratrice et de répétiteur-répétitrice. Donc, au féminin comme au masculin, je démontre la langue française et je la répète. Si ce n'est pas clair pour vous, ce ne l'est pas plus pour moi!

Notre indépendance

Troisième étage : le syndicat. Un jour, lorsque mes collègues et moi étions pris dans un litige administratif, j'ai compris que le syndicat du cégep n'avait pas beaucoup de moyens pour aider ses « sandwichs en travaux pratiques à la francisation », puisque c'est le MICC qui définit nos tâches, mais que c'est le cégep qui nous emploie. Dans une directive envoyée à tous nos superviseurs, le ministère stipulait clairement, suivant le grief syndical « professeurs contre moniteurs », que nous ne devions jamais enseigner, mais plutôt démontrer et répéter. Résultat : les techniciens à la francisation ont reçu par la poste des « Cahiers du formateur » qui exigent notamment de nous que nous passions quelques heures par semaine devant la classe à parler du marché de l'emploi à l'aide d'une présentation PowerPoint commanditée par le MICC. Ça ressemble en maudit à du travail de prof ou à celui d'un conseiller en orientation ; mais le syndicat n'y pouvait rien, car notre employeur est le cégep, et celui qui donne les consignes, le ministère. Pour résumer, je n'étais plus un moniteur, un animateur, ni même un technicien en travaux pratiques : j'étais un formateur.

Quatrième étage : les salles de classe. Tous les jours, je me rends au cégep du Vieux-Montréal, dans un petit pavillon situé avenue de l'Hôtel-de-Ville. Nous sommes neuf animateurs à la francisation, entassés comme des sardines dans deux petits locaux. Le ministère appelle ce pavillon un « partenaire en francisation ». Moi, je l'appelle simplement « la *job* ». Les élèves sont vingt par classe et doivent apprendre le français le plus rapidement possible, soit en environ neuf cents heures. Plusieurs travaillent à temps partiel, certains travaillent la nuit, d'autres ont des enfants. Chacune de ces personnes reçoit un chèque hebdomadaire de 115 dollars pour sa subsistance. Durant les ateliers de francisation, elles utilisent l'un des deux manuels de grammaire qui s'intitulent *Québec atout* ou *Textuellement vôtre*, rédigés par la Direction des politiques, des programmes et de la promotion de la francisation.

Les salles de classe sont louées par le MICC selon une enveloppe budgétaire attribuée à l'établissement. D'où vient cet argent ? D'un transfert de fonds du gouvernement fédéral suivant l'Accord Canada-Québec de 1991 sur l'immigration, selon lequel le gouvernement s'engage à accueillir les résidents permanents. Mais encore, d'où vient l'argent du transfert ? Je ne le sais pas ! On m'a dit que c'était l'argent que les immigrants investissaient au moment de déposer leur demande d'immigration. Donc, les immigrants déposeraient un montant d'argent au ministère de l'Immigration du Canada, puis l'argent serait envoyé en partie sous forme de transfert de fonds au gouvernement du Québec, qui, lui, le transférerait ensuite à ses partenaires en francisation. Ça commence à faire pas mal de transferts et, encore une fois, beaucoup de bureaucratie.

Sachant tout cela, vous avez maintenant une idée globale de ce à quoi ressemble notre tour des fous. À mon avis, le cadre actuel qui définit le Québec comme une province apporte une mollesse dans l'action et un grand manque de coordination. La francisation des immigrants, qui devrait être au cœur d'un projet collectif de développement culturel, ne prend actuellement que la forme de tentacules administratifs.

Mais moi, lorsque je suis en classe, je laisse tomber la lourde bureaucratie derrière le programme de francisation. Je parle plutôt avec mes élèves de langue, d'immigration, d'histoire, de philosophie. Par exemple, aviez-vous remarqué que « nous » en espagnol – *nosotros* – correspond à l'expression courante en français « nous autres » ? Saviez-vous que le roi Louis XIV ne prononçait pas « moi », mais quelque chose de semblable à notre « moé » québécois, qui semble si vulgaire à plusieurs ? Aussi, j'observe qu'en français québécois parlé, même si on ne peut pas l'écrire, les mots « sur les » deviennent « sul » et les mots « sur la » deviennent « sa' ». Or, en italien, il ne s'agit pas d'une exception ni même d'une mauvaise prononciation. C'est une règle grammaticale ! Je ne peux qu'être émerveillé de retrouver cet élément caractéristique de notre langue parlée dans la logique grammaticale d'autres langues, et je discute de ça avec mes élèves.

En classe, nous parlons aussi d'immigration. « Nous autres », les Québécois – comme toutes les sociétés occidentales, d'ailleurs –, ne semblons pas en mesure d'accueillir les immigrants d'une manière économiquement rentable, pour diverses raisons qui ont été exposées dans des études récentes. La politique officielle d'intégration des immigrants au Québec, l'interculturalisme, se définit comme suit : « Il ne suffit pas de protéger ou de tolérer les cultures minoritaires, encore faut-il favoriser leur interaction dynamique avec les autres cultures, dont la culture majoritaire[*]. »

On s'attendrait à ce que la société québécoise se transforme, qu'elle prenne acte de ses nouveaux habitants. On s'attendrait à ce que les immigrants n'hésitent pas à se dire québécois. Et pourtant… j'ai l'impression que le Québec apparaît souvent comme une culture folklorique, un sous-ensemble dans un autre plus grand et plus important qui s'appelle « Canada ». La Charte de la langue française et la Loi canadienne sur les langues officielles sont tout sauf cohérentes, pour un nouvel arrivant. L'une a nécessairement prépondérance sur l'autre. Dès lors, je crois que la culture québécoise cesse d'être un objet de désir, puisqu'elle

---

[*] Anne Laperrière, « Les paradoxes de l'intervention culturelle : une analyse critique des idéologies d'intervention britanniques face aux immigrants-es », *Revue internationale d'action communautaire*, n° 14-54, 1985, p. 190.

apparaît comme inférieure ou handicapante. Quant à moi, je dis à mes élèves que, à mon avis, la sagesse acquise au gré de leurs expériences politiques et culturelles dans d'autres pays est une richesse dont il faut tirer profit de manière structurée, notamment en contribuant aux débats politiques d'ici, ce que je les incite à faire.

On jase aussi d'actes manqués. Il y a une faille dans notre histoire que les natifs d'autres peuples du continent américain peuvent plus facilement comprendre. Si l'on voulait imaginer que la situation du Québec se soit produite ailleurs en Amérique, on pourrait comparer le Québec au Mexique. Les Mexicains en conviendront : leur pays ne serait pas ce qu'il est aujourd'hui s'il avait été assimilé par un autre peuple et qu'il était devenu une province dans un état fédéré.

En histoire, commencer une phrase par « et si cela ne s'était pas produit... », on appelle ça une « uchronie ». Au Québec, la révolte des Patriotes de 1837-1838 s'est soldée par l'Acte d'union qui devait assimiler les Canadiens français à la culture britannique. Parallèlement, « uchronisons » un instant que le Mexique n'ait jamais été libéré par Hidalgo et Morelos en 1810, mais qu'il soit tombé aux mains de l'Empire britannique quelques années plus tôt ; qu'ensuite dans cette colonie on ait voulu faire disparaître toutes les coutumes liées à la langue espagnole ou à la religion catholique ; qu'on ait redonné quelques droits, à l'heure de la Révolution américaine, aux colons pour les empêcher de se joindre au mouvement d'indépendance ; que certains loyalistes américains aient décidé d'y emménager sur un territoire distinct tout en revendiquant des droits spécifiques ; que des patriotes réunis en assemblée aient demandé à la Couronne britannique le contrôle des recettes, un conseil exécutif responsable et électif, qu'ils ne les aient pas obtenus, puis qu'on ait proclamé l'indépendance d'une république du Mexique mort-née qui se serait soldée par l'union assimilatrice avec le territoire loyaliste adjacent. Nous aurions là l'histoire de de Lorimier, de Papineau, de Nelson et de Durham sous des traits mexicains. Dans cette histoire, quelque chose resterait à accomplir. Peut-être la devise du Mexique serait-elle alors « *Yo me acuerdo* »…

Je rêve parfois avec mes élèves. Nous ouvrons le plafond de la classe et nous dépassons les frontières de nos pays, de nos corps, de nos langues. On fait intervenir Carl Sagan, cet astrophysicien qui nous rappelait que chaque peuple doit faire face à la relative insignifiance de son existence par rapport à l'ambition de ce qu'il souhaite devenir. Il nous invitait à un effort d'imagination en concédant que, si l'on ramenait les quinze milliards d'années d'existence de l'Univers à une seule, les quatre cents ans d'histoire du Québec ne représenteraient plus qu'un claquement de doigts[*]… Voilà une belle leçon de sagesse et d'humilité.

Somme toute, quand on regarde la situation d'un point de vue administratif, je suis certainement pris entre le mur et la peinture de la tour de la francisation au Québec. Mais, au-delà des consignes ministérielles et des enchevêtrements de compétences, mon travail est moins de démontrer et de répéter que de m'émerveiller de notre patrimoine et d'éveiller les consciences. Et je souhaite qu'avec eux, avec ces Néo-Québécois, au-delà de la bureaucratie et de l'uchronie, nous arrivions enfin à notre rendez-vous avec l'Histoire.

---

[*] Carl Sagan, *Les dragons de l'Éden*, Paris, Éditions du Seuil, 1980.

14

LETTRE À MON ENFANT

Serge Bonin

Salut, cher enfant. La première chose que j'ai envie de te dire, c'est que tu es grand. Tu es une belle personne. Tu as un potentiel énorme. Tu as déjà surmonté de nombreuses épreuves, souvent mieux que je n'ai réussi à le faire moi-même. Tu peux croire en toi. À partir du moment où tu le décides, tout est possible. Il faut saisir les occasions d'apprendre. Mais il faut surtout arriver à s'appuyer sur nos forces pour aller plus loin, pour devenir un meilleur humain.

Je tiens à m'excuser. Je m'excuse pour tous ces moments où j'ai eu la tête ailleurs. Pour toutes ces bulles pendant lesquelles je ne te répondais pas, toutes ces impatiences où j'ai eu du mal à réagir aux chicanes, toutes ces fois où j'aurais dû t'encourager au lieu de te blâmer. Devenir père, ça s'apprend longtemps. Tu me transformes autant que je t'influence… Je t'aime, tu es au cœur de ma vie. Je ne peux pas penser ni ressentir à ta place, mais je vais essayer de mon mieux de te dire ce que je ressens, ce que je pense.

C'est pour ça que papa t'écrit cette lettre. Parce qu'à cause de toi, j'ai envie de militer et de me battre. Je dis « à cause », mais, évidemment, ce n'est pas ta faute. Tu n'as rien demandé. Mais je sais que j'ai semé en toi quelques questions, que tu as mille questions à poser chaque jour. Tu es venu marcher en criant « On veut un pays », tout habillé en bleu, sans trop comprendre ce que ça voulait dire, mais avec le sourire et la joie de partager quelque chose avec ton père. J'espère que mon influence ne t'enlèvera pas la possibilité de penser par toi-même. Mes convictions n'ont pas besoin de devenir les tiennes. Mais je pense que tu as quand même droit à des explications.

On criait qu'on voulait un pays : en fait, on en a déjà un. Sauf que je trouve qu'il ne nous ressemble pas, qu'il nous ressemble de moins en moins. Il ne nous a jamais ressemblé et ne pourra jamais vraiment nous ressembler, sauf si on continue de subir les influences extérieures qui font que nous ne sommes plus nous et que nous devenons tranquillement l'autre.

Veut, veut pas, ta mère et moi, on a essayé de faire de toi quelqu'un. On a voulu que tu nous ressembles, en mieux. On a voulu que tu sois unique, original, mais en espérant notre influence plus grande que celles de tes amis, de tes lectures ou de tes autres fréquentations. On a voulu te construire une identité. Un jour, tu atteindras la majorité, tu deviendras citoyen à part entière et tu commenceras à participer officiellement à l'amélioration (j'espère !) du monde. C'est important de savoir d'où tu viens, pour pouvoir entrer en contact avec les autres, pour pouvoir te comparer, apprécier les choses, saluer les différences, évoluer. Il faut toujours partir de quelque part.

J'ai envie de te parler du Québec, du monde dans lequel on vit. Toi aussi, tu vas écrire une partie de cette histoire-là. C'est une histoire compliquée, avec beaucoup de détails, c'est une histoire qui n'en finit plus de

Notre indépendance

finir, qui n'en finit plus de commencer. Si tu veux en savoir plus, la littérature sur le sujet ne manque pas, c'est ce qu'il y a de plus beau, selon moi, le fait qu'on n'arrive jamais à tout savoir. Parce que la vie sert à ça. Apprendre des choses. Changer d'idée. Ou renforcer ses idées. C'est pour ça qu'il y a plein de livres dans la maison. C'est pour ça qu'on a voulu très tôt que tu apprennes à lire.

Ce dont je veux te parler, c'est d'une famille. C'est des valeurs qu'on a voulu te transmettre, maman et moi. Tu n'es pas fait pour vivre seul. Tu es fait pour entrer en relation avec les autres. Tu es fait pour contribuer à un groupe, à plusieurs groupes. Tu es une famille avec tes frères, tes sœurs et nous, ensuite avec ta rue et ton quartier, ton école et plus tard tes relations de travail, avec ta ville, ta région et ton pays… Tu es aussi une famille avec l'Amérique du Nord, puis avec le monde entier. Toutes ces familles sont essentielles pour définir qui tu es, pour définir ce qui compte pour toi. Toutes ces familles s'influencent les unes les autres. Toutes ces familles auraient intérêt à se soutenir, à s'entraider, à partager leurs forces et à combler leurs faiblesses.

Les frontières tombent. On appelle ça la mondialisation. Il y a à ça un côté noble et beau. Ça se veut un appel à l'échange et à la fraternité. Mais ça tue lentement le dialogue par la propagande pour une idée. Ça efface tranquillement les différences. Ça mène à l'uniformisation, comme si, dans ton assiette, il ne restait que des patates, ça enlève de la saveur. C'est pour ça que je pense que les frontières sont essentielles. Pour conserver la diversité. C'est ça, le rôle des États : la protection des citoyens et la promotion des cultures. Même s'il a des lacunes, notre État au Québec, c'est notre plus grande richesse. Il t'appartient autant qu'à ton voisin. Tu le paies. Tu as le droit de le questionner et le devoir de l'améliorer. Et ça me semble plus vertueux qu'essayer de le détruire. Il vise à ce que tu tendes la main à ton voisin plutôt que de marcher sur lui. Il vise à ce que tu aimes ta langue. Il agit comme une compagnie d'assurances. Le jour où tu auras un accident, il t'offre la possibilité de te soigner, peu importe ta situation financière. Il vise à ce que tu aies une formation adéquate pour devenir un acteur utile à tout ce groupe, ces individus qui forment une société. C'est de cet espace commun surtout qu'il faut parler.

Dans une entreprise, on appelle ça une synergie. Comme si tous les travailleurs coordonnaient leurs actions pour atteindre un même but. Parce que, tous ensemble, on peut réaliser de très grandes choses. Le Canada a tout misé sur l'accueil. Il a ouvert les portes à toutes les cultures. C'est une idée séduisante. Nous sommes une population ouverte et tolérante. C'est formidable dans un CV. Mais qu'est-ce qui nous unit ? Des ententes économiques et administratives. Ça ne crée pas une synergie très forte. Et maintenant qu'on prend conscience que l'identité commune est plutôt absente, on nous parle d'appartenance à la reine d'Angleterre, un pays d'où la majorité des Québécois ne viennent pas. D'ailleurs, bientôt, plus de 50 % des Canadiens auront une origine autre que française ou anglaise. On nous dit alors que c'est plutôt la grandeur du territoire, ce serait ça qui nous unit. Voilà donc notre culture : le choix entre un espace trop grand, couronné de la royauté anglaise, et le mélange de toutes les cultures. Sauf qu'appuyer toutes les cultures, c'est n'en favoriser aucune, c'est nier sa propre culture.

Voyager est l'une des choses les plus fabuleuses sur cette Terre. Pourquoi ? Pour découvrir d'autres cultures. Le but du voyage est d'être dépaysé. Je veux goûter de nouveaux mets, entendre de nouvelles musiques, participer à des fêtes qui n'ont pas lieu chez nous, comprendre une nouvelle organisation sociale, être confronté à de nouvelles valeurs. Si j'allais en Italie et que je me réfugiais dans un village qui serait entièrement québécois, je ferais uniquement le plein de climats et de paysages différents. Ce ne serait pas un voyage, juste un changement d'air. Un immigrant qui arrive au Québec ne demande qu'à connaître le Québec et à s'y intégrer, mais il est confronté à un message ambigu : que le Québec n'est pas le Québec, qu'il appartient au Canada, constitué d'un paquet de communautés. Trouve la tienne et vis comme tu vivais auparavant, sauf – encore une fois – quelques règles administratives et des accommodements au cas par cas.

Notre ouverture totale nous amène à la négation de nous-mêmes. Elle carbure beaucoup à l'indifférence. Je trouve la conséquence dommageable : nous perdons le goût des grands projets, nous nous empêchons de rêver à un avenir plus rose, nous sombrons dans le cynisme.

Le Canada nouveau, offrant maintenant un choc colossal au niveau des valeurs et des idées, par sa composition hétérogène et son étendue gigantesque, ne semble pas pouvoir générer de grands projets. La cohésion préfère une géographie limitée pour se réaliser. Elle préfère une langue commune et des valeurs partagées. Il est beaucoup plus réaliste de rêver du Québec que du Canada. Les racines françaises pourraient en ce sens être plus pragmatiques que le rêve anglais. Étonnant, non ?

En définissant ce que nous voulons clairement, au Québec, nous pourrions alors défendre notre conception du monde, argumenter et faire valoir nos points de vue devant les autres pays, y compris le Canada.

En fait, le Québec n'arrive pas à savoir ce qu'il veut. Comme quand tu hésites entre coucher chez mamie et inviter un ami à coucher. Tu ne peux pas avoir les deux en même temps. À moins que tu n'invites ton ami à coucher chez mamie, mais là ça commence à être compliqué. Eh bien, c'est un peu ça. Québec aimerait être ami avec Canada, aller coucher chez lui de temps en temps, mais pouvoir habiter dans sa propre maison en même temps. Il y a ceux qui disent que l'un n'empêche pas l'autre et ceux qui disent que l'autre serait bien mieux sans l'un.

Le mot que tout le monde utilise, c'est « autonomie ». Ça veut dire se débrouiller tout seul le plus possible. Maman lit beaucoup de livres sur le développement de l'enfant, sur l'estime de soi. Ça fait partie de son métier. C'est ce qu'elle fait dans la vie, essayer d'aider les enfants à mieux s'aimer pour devenir de meilleures personnes. Décrire la situation plutôt que chercher un coupable, parler du défi qui vient après le dégât, de la réparation après la blessure… ne pas le faire à la place de l'autre. Parce que, dans le fond, ce que tu souhaites, ce dont tu as besoin, c'est faire les choses par toi-même. C'est prendre tes décisions, beurrer tes rôties le matin, choisir tes vêtements, ta coiffure, prendre ton vélo pour aller à l'école… C'est comme ça que tu arrives à grandir. C'est comme ça que tu deviens un adulte. C'est comme ça que tu deviens responsable, que tu assumes les conséquences de tes choix. C'est un peu ça, l'autonomie. Arriver à vivre sans que les autres décident à ta place. C'est ça que le Québec aimerait avoir. C'est ça qu'il ne pourra jamais avoir complètement. Parce qu'il y a d'autres pays autour. La question qui divise le Québec, c'est : comment avoir le plus d'autonomie possible ?

Pour moi, il y a une seule solution qui me semble réaliste.

Ça revient à ce que je disais au début. Québécois, tu es beau, tu es grand. Tu as un potentiel immense. Fais ton LIT maintenant. Écris tes propres Lois qui te ressemblent. Perçois et redistribue toi-même, selon tes priorités et valeurs, tes propres Impôts. Négocie et signe tes propres Traités avec les autres pays pour décider de ce que tu partageras et comment tu le feras.

Ton lit est l'endroit le plus intime du monde. N'y entre pas qui veut. N'y dort pas n'importe qui. Il fait partie de tes besoins primaires. Il est le lieu qui offre les conditions préalables à tout ton épanouissement. Il te réchauffe. Il est le lieu du rêve. Ne laisse pas quelqu'un d'autre s'en occuper. Apprends à faire ton lit toi-même.

Je t'aime.

15

LORSQU'ON VIT DE VŒUX

Maxime Le Flaguais

L'HIMALAYA épaule Un Soleil rose

Opine

        Opine

                Jusqu'à l'érosion

L'Atacama languit
Alpagas et brumes désirent
Voir surgir

        LE
      GEYSER
       D'UN
      PAYS

      Du fond de nos gésiers
           Au creux de l'estuaire

Dans le sol rance nos aïeuls sèment
L'ambre fertile de leurs prunelles
Où croît le lys comme la pensée

Le Cri de la terre craque nos miroirs
Métisse nos reflets dans la fourrure charnelle

                                        Tempête

                    Gigot piqué d'adieux

Percherons d'éblouissance
Défrichant notre à présent
Hennissant nos naissances

Mythes cousus
                    de
flocons

                        à leurs flancs essoufflés

La langue dans l'auge infinie des aubes

Couleurs fragiles,
L'azur est en huile ou en fleurdelisé.

Pays inachevé où nos candeurs se dépaysent
Nous t'ignorons mais tu existes
Saturé de vouloir
Nous sommes les mots maladroits qui bégayent
ton jour
En t'attendant
Nos espérances faisandent

Notre indépendance

UN PAYS COMME UNE BALEINE
Immense et bleue dans le ressac
La queue qui claque dans les Grands Lacs
La gueule qui chante à Tadoussac

D'appeaux en appâts
Les oripeaux nous bernent
Trophées aux capots
Nos grands panaches en berne

L'érable
obombre
Le lys

Et s'insinue dans les panses
Le sirupeux souhait de l'asservissement

Trillions d'autos serties d'antennes
Nos véhicules crépitant d'ondes
Le *Je* tue l'île qui le déserte
Vésicule pleine d'une ville en peine

ON OUBLIE

Que les pigeons pondent
Que l'on est gris comme eux

Mais les amnésies fondent

Lorsqu'on vit de vœux

16

LE RÊVE, CE N'EST PAS DU VENT

Yann Perreau

« À Pauline Julien
Notre espérance a les joues creuses
mais chante
nous provoquerons l'éclatement-miracle
trois millions de cœurs au moins
voteront pour la lumière »
Gilbert Langevin,
« III », dans *Stress*, Éditions du Jour, 1971

Ce titre n'est pas de moi. Je l'ai tiré d'un éditorial du chroniqueur Alain Dubuc, dans *La Presse* du 20 janvier 2009, jour de la cérémonie d'investiture de Barack Obama à la présidence des États-Unis : « Le rêve, ce n'est pas du vent. Il y a une puissante énergie dans le rêve d'un peuple, une force créatrice qui peut mener loin si on réussit à la canaliser. »

Trois ans plus tard, ces mots de grandeur et de sagesse résonnent encore en moi. Seulement, le rêve d'un peuple n'est pas pour nous, petits Québécois. Dans son envolée, Dubuc célèbre le rêve des Américains… « Hey ! Eux autres, ils l'ont, l'affaire, les "Amaricains". » (*Elvis Gratton*)

Nés pour un petit pain, vraiment?

Que l'on fuie le sujet de la souveraineté du Québec, qu'on laisse l'idée sur la glace, que l'on tente de nous dissuader même d'y rêver, en ressassant de façon arrogante que ce projet est d'un temps révolu, je demeure convaincu que l'atteinte de l'indépendance politique est primordiale pour l'émancipation d'une société québécoise se voulant moderne et au faîte des enjeux mondiaux.

À lire M. Dubuc et certains de ses collègues, on pourrait penser que notre destin en tant que peuple est assez simple : agir en troupeau docile, jouer le jeu hypocrite du fédéralisme canadien et sauver nos culs en temps de crise économique. Bref, *statu quo* pour statues anticoïts.

Je compatis avec ceux qui vivent pauvrement ou dans la peur de manquer d'argent. Je côtoie cette crainte depuis que je suis tout jeune, surtout depuis que j'ai choisi d'assumer ma vocation d'artiste, indépendant de surcroît. Pour cette raison, mon entreprise, avec les doutes et les combats qu'elle m'apporte, je la soigne au quotidien ; et c'est la rigueur qui me donne ma force et ma vitalité. Mes affaires marchent grâce au travail et à la passion que j'y mets. Je vis désormais mes rêves… Et je continue de rêver.

Mon choix d'autonomie, je ne le regretterai jamais. Parce que je suis libre et responsable de chacun de mes gestes et paroles.

Mon existence, j'ai décidé de la sculpter, de la voyager, de la vivre à fond, de la rendre signifiante. Je façonne et façonnerai mon histoire, à mon rythme, dignement et courageusement, parce que je la veux merveilleuse, ma vie. Et je ne suis pas le seul à bouger dans ce sens.

Québec, pays du XXIᵉ siècle

Des millions de Québécois, femmes et hommes de tous âges et de toutes origines, ont envie d'un réel changement axé sur des valeurs plus humaines, exigeant le meilleur de ce que ce monde a à offrir.

Nous ne voulons aucunement nous fermer au reste du Canada. Pays voisin (comme les États-Unis), il doit demeurer un partenaire de premier plan. Seulement, nos visions sont différentes à bien des niveaux. Assez pour considérer comme légitime et donc comme normal de gérer à notre façon, par nous-mêmes, notre destinée politique.

L'attitude méprisante et rétrograde, dans nombre de dossiers nationaux et internationaux, du gouvernement canadien actuel nous donne de plus en plus raison de vouloir faire ce choix.

Tout vient à point à qui persévère
Amis (es), il ne faut pas arrêter d'y croire et d'y travailler ; pour nos enfants et les leurs. Pour la richesse et la diversité du monde.

Oui, les doutes font partie de ce grand processus tumultueux qu'est la création de soi, de son pays, que l'on veut fort, prospère et maître de lui.

Mais, pour qu'un jour notre voix se fasse entendre officiellement aux Nations unies, il faut oser mettre nos culottes… et nos gants. Il nous faut être bons joueurs et persévérants ; ouverts, convaincants et conciliants avec tous nos compatriotes : francophones, autochtones, anglophones, allophones. Rien ne presse, mais il faudra apprendre à cogner à la bonne place, au bon moment.

Ensemble.

Québec, il faut y croire. Croire que ce rêve de pays est possible.

Comme l'a si justement écrit Alain Dubuc :

« Le rêve, ce n'est pas du vent. Il y a une puissante énergie dans le rêve d'un peuple, une force créatrice qui peut mener loin si on réussit à la canaliser. »

17

LE TEMPS DE GUILLAUME

Tania Longpré

Il était une fois un beau grand lopin de territoire dans le nord de l'Amérique. Ce coin de pays était le plus joli qu'on pût voir. Il était parsemé de forêts et d'étendues d'eau ; au sud coulait un long fleuve et à l'extrême nord passaient des glaciers. La nature s'y étendait à perte de vue. Des habitants, venus de la France, cohabitaient avec les Amérindiens qui y vivaient déjà. On y parlait une langue chantante et juste, le français. Ses habitants en étaient fous. Ils avaient défriché la terre et en vivaient maintenant au gré des saisons, même au cours des rudes hivers. Sur cette terre habitaient plusieurs familles, des Côté, des Tremblay, des Bédard, des Gagnon et bien d'autres encore.

Dans une petite chaumière installée en bordure du fleuve Saint-Laurent vivait la famille Gagné. Les Gagné n'avaient qu'un fils, Guillaume, qui était très malade. L'hiver avait été dur pour lui, et le médecin du village ne trouvait pas remède à ses maux.

Chaque jour, le petit Guillaume s'affaiblissait davantage. La lumière s'effaçait de ses grands yeux verts. Sa mère, Angélique, avait fait appel, malgré la désapprobation de son mari, à des chamans de toutes sortes. Elle lui avait donné des herbes dites magiques, mais rien n'y faisait. Elle était désespérée. Elle se faisait vieille et le Ciel ne lui avait donné qu'un enfant. Si elle le perdait, ce serait toute sa vie qui serait dénuée de sens. Elle était prête à tout pour guérir son fils.

Un matin, elle poussa son désir un peu plus loin. Discrètement, elle alla consulter une femme qui traînait une réputation de sorcière. Angélique lui expliqua l'étrange maladie de son fils et l'incapacité du médecin à le soigner. La sorcière se mit alors à faire brûler des herbes et, après quelques instants, entra en transe. Apeurée mais prête à aller jusqu'au bout de cette expérience pour sauver son fils, Angélique regarda la vieille dame et se prépara à écouter attentivement ce qu'elle lui dirait. La sorcière se mit à tournoyer sur elle-même et à crier. Angélique frissonnait de terreur. Soudainement, la sorcière se ressaisit et se mit à pleurer.

« J'ai eu des visions de choses malheureuses. J'ai vu des bateaux arriver ; j'ai vu un pays qui n'en était plus un ; j'ai vu que la France nous abandonnait ; j'ai vu des gens s'emparer de nos terres ! J'ai vu les nôtres tenter de résister ! J'ai vu leur défaite ! À l'instar de ton fils, Angélique, c'est tout notre peuple qui sera malade. Notre peuple sera colonisé. »

Angélique demanda à la sorcière ce qu'il en était de son fils. La sorcière sécha ses larmes et lui dit : « Je vois l'avenir, mais je ne peux pas vous en dire plus. » Angélique, apeurée et confuse, retourna chez elle, au chevet du petit Guillaume.

Comme tous les soirs, Angélique veilla son fils malade, qui devenait de plus en plus pâle, de plus en plus faible. Elle avait fait tout ce qui était en son pouvoir et se résignait maintenant à perdre son enfant. La pleine lune brillait, et elle se disait qu'elle n'aurait pas le temps de voir la prochaine avec son fils. Elle savait qu'il allait mourir. Elle se souvenait avec émotion des sept dernières années avec lui. Elle se souvenait de sa naissance, de son sourire, de ses premiers pas. Et des larmes claires roulaient sur ses joues. Elle était prête et bénissait le Ciel de lui avoir prêté ce petit ange, qu'il lui reprenait beaucoup trop tôt.

Soudain, un bruit sourd résonna dehors. Une grande ombre noire se dessina dans la pénombre. Angélique appela son mari, qui s'affairait à garder le feu allumé pour procurer de la chaleur au petit. Ensemble, ils virent l'ombre prendre la forme d'un très grand homme. C'était le moment qu'ils craignaient : la mort venait s'emparer de leur fils.

Le père de Guillaume ouvrit la porte et sortit. Ce n'était pas seulement l'ombre de la mort qui s'y trouvait. La neige, sous les pieds de l'homme, avait fondu instantanément. Il savait ce que cela signifiait. C'était le Diable en personne qui se tenait devant lui.

« Monsieur Gagné, votre femme, aujourd'hui, en a fait beaucoup trop pour sauver votre fils. Elle a consulté l'avenir, et vous savez ce que c'est, de jouer avec ces choses-là. Je peux sauver votre fils. Je peux le guérir immédiatement ! dit-il sur un ton péremptoire. Aussi vite que cela, en revanche, je devrai distribuer le mal de votre fils ailleurs. Les visions qu'a eues la sorcière se réaliseront. Votre peuple sera affaibli et soumis. Par contre, votre fils aura la vie sauve. »

En trombe, l'homme entra rejoindre sa femme dans la maison.

« Nous avons peu de temps, que t'a dit la sorcière ?

— Elle a vu le malheur sur notre peuple, des bateaux arriver, un pays qui n'en était plus un. »

L'homme ferma les yeux, tourmenté. Il prit Angélique dans ses bras, regarda son fils et dit à sa femme :

« Je préfère laisser Guillaume aller à son destin que d'infliger à mon peuple ces souffrances. Je préfère qu'il meure, dit-il avec les yeux brillants. Ce que je voudrais, c'est que sa force soit répandue sur notre peuple, que notre sacrifice offre aux nôtres l'espoir et la force de traverser les épreuves que nous devrons affronter. »

En quelques instants, la décision fut prise. Le père retourna dehors et refusa l'offre du Diable. Guillaume cessa alors de respirer. La douleur des parents fut inconcevable et indélébile, mais ils portaient en eux l'espoir d'avoir fait le bon geste pour l'avenir des leurs.

Et le passage du temps fit en sorte que le souhait du père de l'enfant fut réalisé. Au fil des années, les Français, puis les Canadiens et ensuite les Québécois vécurent et surmontèrent d'énormes épreuves, portant toujours en eux le désir de faire durer le fait français en Amérique.

Encore aujourd'hui, malgré les défaites, malgré les revers, ce peuple survit, dans cette parcelle française en Amérique du Nord. Et, comme les Gagné, il souffre de ses sacrifices, animé par le goût de se battre pour un destin plus grand que lui. Et il a confiance qu'un jour ses choix déchirants seront chose du passé. Qu'un jour triomphera sa quête : celle du temps de Guillaume. Qu'un jour un pays soit chose faite. Le pays du Québec.

18

CE QUE JE CROIS

Louise Beaudoin

Juin 1964, examen de philo. J'ai dix-huit ans. Lors de la dissertation française en vue de l'obtention du baccalauréat, je choisis, parmi les propositions de sujets, celle inspirée d'un journaliste canadien-anglais qui avait écrit un peu plus tôt : « Si j'étais francophone, je serais séparatiste. »

C'est là, pour la première fois, que je défendrai le projet de faire du Québec un pays, en donnant raison – bien sûr – à ce journaliste avec force et arguments.

Toute ma vie durant, à compter de ce moment précis, je ferai de la souveraineté mon combat. Je ferai de ce qu'on appelle ma « carrière politique », de ces quelque quarante années de militantisme presque ininterrompu qui suivront, une longue, très longue dissertation pour le rendez-vous normal que le Québec doit, selon moi, avoir avec l'Histoire.

L'enfance m'y préparait. Non pas que ma famille fût indépendantiste, bien au contraire ! Mon père, qui était avocat, puis juge, voyait en Pierre Bourgault, leader du Rassemblement pour l'indépendance nationale, le diable en personne.

La famille de ma mère, issue de la bourgeoisie de Québec, était de tradition libérale. Du côté de mon père, originaire de Thetford Mines, on votait pour l'Union nationale à Québec et pour les conservateurs à Ottawa. C'est dans ce milieu que j'ai puisé l'amour de la politique et de la plaidoirie, celui de la langue française et de la France que je porte encore en moi. Mais c'est également dans cette famille que je me suis rebellée. Révoltée. De la même façon que j'ai brisé mes chaînes, que j'ai refusé le chemin qu'on avait tracé à l'avance pour la petite fille que j'étais : naturellement, j'ai voulu le faire pour le Québec entier. J'ai voulu que le Québec s'affranchisse.

En somme, si c'est dans les premières années de sa vie qu'on forge sa personnalité, c'est aussi à ce moment-là que j'ai forgé ma personnalité politique.

Puis, s'il n'y a pas de hasard mais seulement des rendez-vous, selon les mots du poète Paul Éluard, il y en a eu, dans ma vie, une vaste succession. Mon père, tout en étant très français sur le plan culturel, était fort critique de la séparation de l'Église et de l'État, de la laïcité décrétée là-bas en 1905. Je me demande bien comment il aurait réagi s'il avait su que sa fille allait un jour devenir porte-parole de l'Opposition officielle dans le dossier de la laïcité, dans un contexte d'accommodements raisonnables où les nouveaux arrivants sont soumis à deux systèmes d'intégration concurrentiels qui s'excluent l'un l'autre : le multiculturalisme canadien, d'un côté, et l'interculturalisme québécois, de l'autre. Une situation qui sème une confusion totale dans leur esprit, dans le nôtre aussi, et qui est par le fait même dommageable pour toute la société.

Voilà d'ailleurs un argument que je n'aurais pu écrire dans la dissertation de philo ! Il faut en finir avec cette situation. Je crois qu'il faut proposer, dans

Notre indépendance

le cadre de la souveraineté du Québec, une meilleure intégration pour les immigrants, davantage adaptée à la précarité de notre situation, celle de francophones qui sont minoritaires en Amérique et linguistiquement menacés de toutes parts par les nouvelles réalités, qu'il s'agisse des nouvelles technologies ou de la mondialisation. Sans oublier les jugements successifs de la Cour suprême du Canada qui sont venus affaiblir et charcuter notre loi 101, la Charte de la langue française.

La langue française. Ma langue maternelle… tout autant que ma langue paternelle. Car c'est mon père qui ramenait à la maison les magazines français, les vinyles de Piaf, les livres d'André Maurois et de François Mauriac. C'était, oui, bien avant l'avènement de la loi 101.

Quand ma mère était petite, la bourgeoisie de Québec apprenait l'anglais en même temps que le français, et même elle admirait les anglophones. C'était Londres en après-midi, à l'heure du thé. En soirée aussi quand, à l'époque de mon arrière-grand-père Tessier, on recevait à dîner en offrant souvent un menu écrit en anglais.

Là encore, j'ai voulu rompre avec le passé. J'ai fait de la défense et de la promotion de la langue française un combat simultané et intrinsèquement lié à celui que j'ai mené pour la souveraineté, cette dernière étant selon moi la meilleure façon, voire la seule, d'assurer la pérennité de notre nation plurielle et majoritairement francophone dans les Amériques.

Aujourd'hui, à nouveau, l'avenir de la langue française, à Montréal tout particulièrement, a de quoi nous alarmer. Or, dans le carcan de la fédération canadienne, le Québec ne peut agir comme il se doit. Il ne peut, en matière linguistique, prendre toutes les mesures qui s'imposent.

Encore récemment, la Cour suprême du Canada est venue invalider une loi votée unanimement à l'Assemblée nationale du Québec afin de mettre fin aux « écoles passerelles ». Ce stratagème permet de contourner les dispositions les plus fondamentales de la Charte de la langue française et fait en sorte que des francophones – ceux-là mêmes qui, comme au temps de ma mère, en sont venus à idolâtrer l'anglais au détriment du français – obtiennent le droit d'envoyer leur enfant à l'école anglaise, de même que ses frères et sœurs et ses descendants, pour l'éternité. Il favorise notre propre assimilation !

J'ai toujours cru que le français, pour avoir un maximum d'attrait pour les nouveaux arrivants, devait être une langue utile à maîtriser. À quoi bon, en effet, apprendre la langue de Vigneault si partout, comme au téléphone, on peut faire le « 9 » pour être servi en anglais, du premier au dernier jour ?

Le français doit être nécessaire ici et à l'international. Il doit demeurer cette grande langue qui nous permet de vivre pleinement, à l'intérieur d'un immense espace, la francophonie, des réalités qui, autrement que par ce magnifique trait d'union, seraient parfaitement étrangères.

J'ai pour vision celle d'un Québec indépendant qui joue un rôle de leader dans la francophonie certes, mais aussi dans le monde, sans les entraves que pose malicieusement le gouvernement fédéral. J'ai pour idéal celui d'un Québec qui, avec la France, agit avec d'autres aires linguisticoculturelles et fait contrepoids à l'aplanissement mondial, au tout-à-l'anglais. J'ai pour projet une relation d'égal à égal avec l'Hexagone – et la Terre entière ! – départie du chaperon canadien. Départie du cadenas diplomatique que met le fédéral sur le Québec, en lui fermant souvent les portes et les accès utiles.

Notre indépendance

À l'Organisation internationale de la Francophonie, où le Québec détient, grâce à l'appui de la France, un statut comparable à celui d'un pays en tant que « gouvernement participant », sa voix porte.

Avec la France toujours, au sein des instances francophones, le Québec a fait progresser l'idée d'une convention qui protège le droit des États de légiférer en matière culturelle et qui, en d'autres termes, met notre culture à l'abri du tout-au-marché et de la tutelle de l'Organisation mondiale du commerce. Il a porté le dossier jusqu'à l'Unesco, en 2005, où une convention a été adoptée. Il n'a pu la voter, puisque c'est le Canada qui l'a fait en son nom, et, pour la suite des choses, le Québec a dû se rabattre sur ses terres. Autrement dit, le gouvernement fédéral occupe là-bas le seul siège qui compte.

Est-il permis de rêver, de penser à toutes les possibilités que nous conférerait une diplomatie déployée partout dans le monde et ayant totalement accès à tous les gouvernements ? C'est un espoir que je ne refuserai pas jusqu'à ce qu'il devienne réalité.

Qui mieux que nous-mêmes peut défendre notre langue dans les organisations internationales où les provinces sont d'emblée exclues ? Qui mieux que nous-mêmes peut défendre partout nos propres intérêts ? L'exemple du Protocole de Kyoto, renié par le gouvernement fédéral, qui agit sans même chercher l'aval des parlementaires à Ottawa comme à Québec, nous confirme que nous aurions eu, en matière d'environnement aussi, plus de succès si le Québec avait été souverain.

Il y a des tonnes d'autres exemples ! Dans le domaine de la coopération internationale, l'Agence canadienne de développement international (ACDI) se voit imposer par Ottawa des politiques en matière d'aide au développement qui ont plongé le milieu de la coopération au Québec – et tous les citoyens qui s'en préoccupent – dans l'incertitude. Le processus décisionnel est désormais hautement politisé et exclut plusieurs pays d'Afrique, souvent francophones, avec lesquels le Québec a pourtant de nombreuses affinités. Des mesures comme le retrait du financement d'organismes de défense des droits des femmes œuvrant à l'étranger mettent en lumière le fossé grandissant entre les valeurs québécoises et celles d'une droite canadienne qui, lentement mais sûrement, radicalement et peut-être définitivement, est en train de changer le pays que nous, jadis Canadiens, Canadiens français puis Québécois, avons construit au fil des siècles.

Si ce pays des Rocheuses a déjà été celui de mes ancêtres, il n'est plus le mien aujourd'hui. Le mien s'étale des grands barrages hydroélectriques au rocher Percé, puis aux îles de sable que sont les Îles-de-la-Madeleine.

Preuve en est ce grand questionnaire qui a été rempli par des milliers de personnes un peu avant le scrutin fédéral de 2011, qui, bien paradoxalement, a presque anéanti le Bloc québécois.

Une trentaine de questions étaient posées aux répondants à propos des grands enjeux électoraux. Pas moins de vingt-trois d'entre elles ont fait état d'un écart significatif entre la réponse des Québécois et celle des Canadiens hors Québec. Registre des armes à feu, jeunes contrevenants, guerre en Afghanistan, dépenses militaires, normes écologiques, taxe sur le carbone, sables bitumineux, assurance emploi, impôts des particuliers et des entreprises, mariage gai, avortement, euthanasie, accommodements religieux, langues officielles et combien d'autres ont une fois de plus révélé une différence marquée qui, transposée sur une carte, fait clairement apparaître le pays du Québec.

Dans la fédération canadienne, le Québec est de plus en plus marginalisé, démographiquement, électoralement et… irréversiblement. Sans remonter au XIXe siècle, rappelons-nous qu'en 1990 le Québec comptait 25,3 % de la population canadienne pour 24,4 % des sièges à la Chambre des communes. En 2010, il ne représentait plus que 23,1 % de la population… Ce qui a permis au gouvernement fédéral de diminuer sa part de sièges au Parlement pour la ramener à ce même pourcentage, 23,1 %. Conséquemment, même lorsqu'il délaisse le Bloc québécois et envoie massivement à Ottawa une députation néo-démocrate dans l'espoir de barrer autrement la route aux conservateurs, il n'y arrive pas. Il y arrivera de moins en moins. Au Canada, le Québec ne compte plus!

La fameuse question « *What does Quebec want?* » est devenue « *Who cares?* ».

De guerre lasse, des leaders (dont d'anciens ardents souverainistes) voudraient que le Québec se range et mette de côté le projet de pays. Depuis quelque temps – et c'est perceptible dans les médias –, le projet de souveraineté est en « dormance », et ce, bien qu'il recueille toujours dans les sondages un appui semblable à celui obtenu au référendum de 1980.

Or, si le projet de souveraineté est entraîné vers le bas, c'est parce que la politique en général l'est aussi. Partout en Occident, les citoyens sont désabusés, cyniques et pessimistes. Ils constatent l'impuissance des parlements et des gouvernements par rapport à la dictature des marchés financiers et subissent, avec plus ou moins de fatalisme, les crises à répétition provoquées par les dérives du capitalisme.

Au Québec, c'est encore pire depuis que s'ajoutent chaque jour les histoires de corruption et de collusion, de financement politique intéressé. Toute la classe politique s'en trouve discréditée, et les projets qu'elle porte, dont la souveraineté pour certains d'entre nous, sont également reçus dans une relative indifférence ou avec le plus grand scepticisme.

Il faut agir sur ce plan, renouer les liens de la population avec ses élus, rétablir la confiance et, pour ce faire, rénover nos institutions démocratiques et changer nos comportements. Par exemple, en introduisant le scrutin proportionnel et d'autres propositions fortes comme des élections à date fixe, le vote libre pour les députés en certaines circonstances, etc. Il faut faire de l'intégrité plus qu'un slogan ou un thème électoral : il faut l'incarner.

Chez les indépendantistes s'ajoute l'obligation de renouer avec l'«ADN» du projet. René Lévesque avait compris l'importance de lier étroitement souveraineté, démocratie et pouvoir citoyen. Il faut y revenir. C'est dans cet esprit d'ailleurs que, personnellement, je suis pour le mandat d'initiative populaire. Je crois qu'il faut donner au peuple une véritable emprise sur son destin collectif en le laissant décider du «moment jugé opportun» pour tenir un référendum. La souveraineté doit se faire pour et par le peuple. La petite fille que j'étais continue d'y rêver.

19

UN PAYS : PARCE QU'UN AUTRE QUÉBEC EST POSSIBLE

Emilie Guimond-Bélanger

J'avais sept ans pendant la campagne référendaire de 1995. Je me souviens très bien des pancartes affichées partout avec un immense OUI ou un immense NON. Les gens s'agitaient autour de la fameuse question référendaire. Un jour, j'ai demandé à mon père, militant indépendantiste depuis 1972, à quoi les gens essayaient de répondre par Oui ou par Non. En souriant, il m'a dit que les gens allaient décider si le Québec se séparerait du Canada. Immédiatement, l'idée m'a séduite. Croyant à une séparation géographique, j'imaginais déjà le Québec devenir une île flottant dans l'océan Atlantique, libre d'attaches terrestres avec le Canada, multipliant ainsi le nombre de plages !

Le soir du 30 octobre 1995, mes parents étaient dans le salon, scrutant l'écran de télévision qui affichait les résultats du référendum. Lorsque Bernard Derome a annoncé la défaite du « Oui », mon père a poussé un cri venant du fond de ses tripes. Il a hurlé sa colère, sa déception. Je m'en souviens comme si c'était hier. Alors que ma mère me prenait dans ses bras, j'ai compris que ce fameux « Oui » répondait à une question essentielle, viscérale et primordiale. Ce n'était pas une question de plage.

Faire du Québec un pays est, plus que tout, un geste d'épanouissement collectif. L'indépendance est reprise de pouvoir, émancipation et liberté. Elle est l'aspiration d'un peuple à l'égalité et au respect de ses droits les plus fondamentaux. Pour moi, l'indépendance serait le plein déploiement d'une culture en constante évolution et de sa langue commune, le français.

Avec les années, j'ai pris le temps de réfléchir à la question nationale et j'en suis venue à la conclusion que notre indépendance politique est nécessaire. Le cadre du fédéralisme canadien est trop étroit, trop restrictif, trop envahissant. Nous l'avons vu : au cours des quarante dernières années, le gouvernement canadien s'est donné une Constitution sur mesure pour construire la nation canadienne, centraliser les pouvoirs à Ottawa, amoindrir les droits du Québec dans des secteurs économiques essentiels et dédoubler, carrément, des pouvoirs relevant de notre compétence. Ces gouvernements ont successivement pris des décisions au nom du Québec, mais au nom de valeurs qui ne nous ressemblent pas. Que l'on pense aux reculs des droits des femmes et des peuples autochtones, à l'entêtement guerrier en Afghanistan et aux accords économiques internationaux qui ont été signés. Le fédéralisme canadien s'inscrit en contradiction, voire en rupture, avec notre volonté de prendre des décisions pour nous-mêmes en fonction de notre bagage culturel et de nos valeurs.

Et même lorsque le référendum sera remporté, que des ambassades de partout se seront installées chez nous et que notre Constitution sera signée, l'indépendance ne sera que partielle. Car l'indépendance du Québec n'est pas seulement freinée par la Constitution canadienne ; le système économique actuel est un obstacle majeur à notre capacité de décider pour nous-mêmes, et je crois qu'il s'agit d'une réalité qui doit se refléter dans les mouvements indépendantistes. Dans ce capitalisme qui n'obéit qu'aux lois du marché et aux diktats des grandes institutions financières, les États ne se donnent que très peu de marge de manœuvre. Les cadeaux fiscaux se multiplient pour des entreprises qui n'ont pas d'égard pour le développement durable, qui pillent nos richesses naturelles pour un plat de lentilles. À genoux devant ces monarques de l'économie mondialisée, aucun peuple ne saurait faire valoir son indépendance politique. Je crois que nous serons libres lorsque nous pourrons choisir les leviers de notre économie et obtenir notre juste part de la richesse collective.

Faire du Québec un pays, c'est obtenir tous les pouvoirs nécessaires pour bâtir une société fondée sur la justice sociale. Pour que les gens vivent mieux et plus heureux, pour que les inégalités reculent. La participation de tous et toutes à la vie démocratique, l'égalité entre les hommes et les femmes, le respect des écosystèmes : autant de valeurs qui définiraient un Québec libre.

Or la structure fédéraliste ne nous permet pas d'atteindre cet idéal. Lors du Sommet du G8-G20 tenu en juin 2010 à Toronto, des milliers de manifestants se sont rassemblés pour critiquer l'ordre économique mondial, auquel souscrit le Canada. J'y étais et j'ai manifesté pacifiquement avec d'autres Québécois. La nuit, nous avions accès à un gymnase où dormir ; nous étions environ une centaine. Et puis, tôt un matin, des policiers sont entrés brutalement et ont procédé à des arrestations massives pour assemblée illégale. J'ai été incarcérée pendant soixante heures avec mes amies du

Québec. Nous y avons toutes subi de multiples fouilles à nu et des privations de nourriture, d'eau et de sommeil, sous une pluie d'insultes de la part des policiers anglophones. Pendant ces longues heures, j'ai réfléchi au Canada, à ce qu'il est devenu et à ce qu'il est encore possible d'en craindre. La démocratie est précieuse et elle est en péril. Les barreaux de prison sont encore utilisés comme muselière ; ça me rappelle octobre 1970 ! Je me dis qu'on ne veut pas un pays qui nous restreint dans ce que nous sommes, on veut un pays pour qu'il donne à ses citoyens une liberté d'expression fondamentale. On ne fait pas non plus un pays pour reproduire le modèle néo-colonialiste canadien. Notre indépendance doit être un projet de société rassembleur qui nous permettra d'établir des relations égalitaires et pacifiques avec les peuples du monde entier, et en premier lieu avec les peuples autochtones avec lesquels nous partageons le territoire.

L'indépendance, c'est beaucoup plus qu'une nouvelle Constitution, une séparation du Canada et ce nouveau tracé géographique tel que je l'imaginais lorsque j'étais enfant. L'indépendance, c'est une reprise du pouvoir collectif qui permettra une émancipation populaire.

Adolescente, lorsque j'ai commencé à m'intéresser sérieusement à la politique, j'ai demandé à ma mère ce que ça voulait réellement dire pour le Québec de devenir indépendant. Elle m'a répondu que c'est le passage d'un peuple de l'enfance à l'âge adulte, de la dépendance à la liberté. Je comprenais bien que cette liberté représente aussi d'importantes responsabilités et nécessite une bonne dose de courage. Mais, au regard de l'Histoire, elle est essentielle. L'indépendance politique, économique et sociale du peuple québécois est plus que jamais nécessaire. Je souhaite un pays, parce que je suis convaincue qu'un autre Québec est possible.

20

LA TÊTE HAUTE

Jean-Martin Aussant

où est ton vrai pays
provincial malheureux
va dire aux indécis
qu'on y travaille pour deux

on en reviendra bien
d'avoir été conquis
c'est seulement souverain
que je sais qui je suis

je me souviens

notre histoire est remplie
d'endormis disparus
invitez l'insomnie
du temps on n'en a plus
bravo pour la survie
la vie c'est encore mieux

il n'y a pas d'ennemis
nous sommes nous ils sont eux

je me souviens

ça nous mène où
de nous laisser guider
quand on a tout
pour savoir où aller

voici la fin de la conquête
n'aie peur de rien lève la tête
c'est oui la fin de la conquête
n'aie peur de rien lève la tête

on y va

21

POUR UN QUÉBEC FÉCOND, UN PEU DE COUILLES

Guillaume Wagner

Je n'ai jamais parlé très fort de la souveraineté. Mais, récemment, j'ai décidé d'élever la voix. De manière assez naturelle, le parcours qui m'a conduit à désactiver mon piton « muet » a coïncidé parfaitement avec mon besoin de m'affirmer en tant qu'artiste, en tant que personne.

Comme plusieurs, je me confortais dans l'abstention de toute prise de position. Jusqu'à me retrouver complètement déprimé d'être entouré de gens qui se laissent guider par la peur. J'avais toujours idéalisé les artistes comme des bêtes braves, à part de la meute, les premières à aboyer lorsque le danger approche. Quelle déception d'en voir plusieurs crispées d'effroi au milieu du troupeau, la face dans le derrière de l'un et le cul au chaud dans la face de l'autre.

Avant de m'afficher en tant qu'artiste souverainiste, j'en ai entendu de belles : « Tu ne peux pas prendre position, tu vas perdre du public ! » Ou encore : « T'es là pour faire rire, pas pour changer le monde ! » Et ma préférée : « Un humoriste, ça ne peut pas prendre position. Prendre position, c'est se peinturer dans l'coin et perdre sa liberté. »

Non mais, quelles conneries !

Associer l'autocensure à la liberté, faut être colonisé quelque chose de rare. Et après, on se demande pourquoi il ne se dit plus rien. Quand les artistes eux-mêmes confondent le désir d'être aimé avec le fait de s'exprimer à travers l'art, on a un sacré problème sur les bras.

Et moi, avant d'apprendre à user de mes cordes vocales pour crier, j'étais un peu comme tout le monde. L'indépendance, j'y croyais, mais je n'en parlais pas. Je me disais que ça allait arriver tôt ou tard. Que mon appui n'était pas nécessaire pour ce projet plus grand que moi. Que c'était le sujet des grandes personnes et que je devais leur faire confiance pour régler la question.

C'est en grandissant que j'ai compris qu'il y avait bien peu de grandes personnes. Beaucoup d'enfants. Des enfants pas gros dans leurs salopettes, qui répètent les histoires de peur dites par des enfants plus vieux. Des enfants qui, après avoir mouillé leur pantalon, n'osent pas lever la main et l'avouer à la maîtresse, qui continuent à jouer innocemment dans le carré de sable.

J'ai été déçu. Déçu d'apprendre mon histoire, de comprendre qui j'étais. Qu'on ne m'ait jamais rien dit, du moins, jamais comme ce l'était vraiment. Qu'on fasse tous semblant de rien, le sourire aux lèvres, en réalisant nos rêves par le magasinage d'une tondeuse la fin de semaine : fiers d'égaliser notre verdure, de mettre en valeur notre rocaille. Vous savez, ces mares de cailloux blancs où s'allument, le soir, les p'tites lanternes ? Pour montrer au voisin bedonnant qu'on est plus fin que lui. À maximiser la beauté en plastique de notre prison en revêtement.

Notre indépendance

J'ai ressenti une espèce de trahison. Comme si mon père s'était fait sacrer une volée devant ma mère, sans se défendre, et qu'il faisait maintenant semblant de rien en s'achetant un gros « char » pour compenser son manque de virilité, personne n'étant assez cruel pour lui remettre son humiliation en pleine face.

Même si je savais, je me taisais aussi. Je ne me croyais pas assez informé. Peu importe le nombre de livres que je lisais, le nombre de documentaires que je regardais, je ne me sentais pas à la hauteur pour me prononcer. Le sentiment d'infériorité, est-ce qu'il y a quelque chose de plus québécois?

Et puis, j'ai écouté. J'ai écouté les deux côtés, encore et encore, et j'ai compris qu'il n'existait pas de surhomme. Le surhomme de Nietzsche est une utopie. Car, en réalité, il n'y a que des hommes, très humains, trop humains. Aucun sauveur messianique, aucun bourreau indestructible. Seulement des idéaux face à des peurs. Des ambitions face à des doutes.

J'ai compris que ce n'était pas seulement le travail de René Lévesque, de Pierre Bourgault, de Pierre Falardeau et de Loco Locass que de pourfendre les conclusions rapides, les faux arguments, la désinformation, la malhonnêteté. C'est notre tâche à tous.

J'ai donc décidé de cesser de faire du bruit pour alimenter le vacarme ambiant. J'ai assumé mes responsabilités et j'ai décidé de donner un sens à ce que je faisais pour trouver du sens dans ce qui m'entourait. Bref, je suis devenu, bien humblement, un artiste. Non pas un extraterrestre, comme certains ont essayé de me dépeindre. Plutôt un reflet de ce que nous sommes. Je ne suis pas un extraterrestre. Les Québécois sont tous des artistes. Avec la sensibilité de ces derniers, mais aussi leurs dilemmes.

Tenter sa chance d'être soi-même pour toucher les gens qui se reconnaîtront en nous ou taire qui on est pour être accepté par ceux qui ne nous ressemblent pas?

S'estimer à sa juste valeur ou se vendre pas cher?

S'épanouir soi-même, se faire avancer, nous faire avancer, ou s'épanouir à travers l'approbation des autres?

J'ai pris conscience que je respecte trop l'Autre pour faire des courbettes pour lui plaire. L'Autre, c'est moi. Si je ne me respecte pas, je ne vous respecte pas.

Courir le risque d'être soi-même, ce qui n'a jamais de précédent, pour se lancer dans le vide dans une démarche honnête, en faisant quelque chose qui vient des tripes, ou se piler dessus, se compromettre, se «putifier», en se répétant que ça pourrait être pire? J'aimerais que tout le monde devienne un peu plus artiste.

Le rôle d'un artiste est de briser les murs, de sauter les barrières. Pas de conforter les gens dans leur confinement. Si on rassure ceux qui en ont besoin dans leur lâcheté, et du coup soi-même dans la sienne, on n'est pas un artiste. On fait dans le divertissement, tout au plus. On parasite la vie des gens avec son ego, en les abaissant à son propre niveau, quand l'idéal devrait être de les élever au-dessus d'eux-mêmes.

Ayant grandi dans la magnifique ville de Québec, durant les belles années de la propagation du cynisme inactif par l'entremise des animateurs à ego de la radio, j'ai compris assez tôt que, lorsque le nombril se met de la partie, il sert rarement le sujet. Le nombril a une visée, la sienne. On pourrait croire que les nombrils en général n'apprécieraient pas qu'un nombril en particulier se réclame de sa visée? Il n'en est rien. Un nombril qui entend son pareil «nombriliser» l'intérêt collectif, ça le déculpabilise. Il y a quelque chose de rassurant à se tenir entre nombrils pour comparer les mousses qui nous bouchent la vue.

Dans un système où il y a des inégalités, il y a de la frustration et de la colère. Et ce n'est pas tout le monde qui la canalise de la bonne façon. Certains décident de se rassembler et de s'unir pour combattre de front. D'autres, perdus, sans repères, coincés dans le trafic, boivent les paroles démagogiques d'animateurs qui « parlent au vrai monde », s'enfonçant du coup dans le pessimisme. Et le cynisme.

Comme dans un film d'horreur, ces zombies cyniques se répandent. Au contact d'autres cyniques, ils se contaminent, s'alimentent, se regroupent et dévorent le vivant. Tout ce qui est constructif et en mouvement. Et il y a une limite de résistance chez tout être humain entouré de zombies cyniques. S'il n'est pas armé, il finira par être contaminé. Succomber, après tout, c'est tellement plus facile. Ce qui est difficile, par contre, c'est de ramener le zombie à la vie, la vraie. C'est une tâche ardue et frustrante, mais il faut le faire. Après tout… qui veut vivre dans un mauvais film de zombies ?!

Je demande que tout le monde mette la main à la pâte. Mais je comprends que ce n'est pas facile. Débattre et argumenter, quand on est un peuple émotif, ça fait des flammèches. Difficile de discuter d'un sujet qui nous apparaît évident. Difficile de garder son sang-froid en abordant une valeur fondamentale. Difficile de parler sans froisser l'ego fragile de son interlocuteur, d'un problème qui affecte inconsciemment l'estime collective d'autant de gens.

Difficile d'en parler sans passion quand sa génération se replie dans son confort : gavée de films abêtissants et de musique rentable, ou de *best-sellers* du *top 10* des librairies, entre les livres de cuisine et les éternels guides de décroissance personnelle. Pour notre génération, un projet collectif à long terme n'est pas très alléchant.

Et quand un membre de la famille tente de fermer le clapet d'un autre avec l'éternelle rengaine : « Les Québécois sont tannés d'en entendre parler ! », comment lui dire sans s'emporter que, effectivement, ils sont tannés, fatigués, essoufflés… mais encore vivants ? Qu'ils sont tannés de la malhonnêteté. Fatigués de l'ignorance qui les empêche d'avancer. Essoufflés de s'être battus trop longtemps à armes inégales. Être écœuré, ce n'est pas être défait. De la frustration naît la révolte.

Dans ce contexte, être souverainiste peut devenir éreintant. Être passionné sans s'énerver. Être convaincant sans être moralisateur. Ajoutez à ça que le terme « souverainiste » vient avec un bagage d'idées préconçues, et lourdes à part ça.

Aux yeux du camp opposé ou des indécis, chaque souverainiste représente l'idée de la souveraineté. Si un souverainiste « sniffe » de la coke, c'est toute l'idée souverainiste qui se tape une ligne. Si un souverainiste est alcoolique, c'est toute l'idée souverainiste qui lève le coude. Si un souverainiste est enragé, c'est toute l'idée souverainiste qui pète une crise.

Mais ça ne marche pas dans l'autre sens. Le *statu quo* est un ROC inébranlable. Quand un fédéraliste dit des conneries, le Canada est encore le plus beau pays du monde. Quand un fédéraliste tient des propos racistes, le Canada est encore une courtepointe de cultures exemplaires. Quand un fédéraliste bafoue la démocratie, le Canada est encore un modèle de bonne gouvernance.

Et puis, il y a le nouvel ennemi, le plus coriace, le moi. Bonne chance pour contrer le culte du moi en lui proposant de réseauter sur le nous. Le nous s'est effacé, remplacé par le je. Et le je, isolé, n'est pas très fort. Pas très motivé. Les individus sont à l'ère de courts projets. Une ère où l'être humain est tellement étouffé par son manque de motivation qu'aller chercher une pinte de lait au dépanneur prend l'allure d'un projet. Une ère où l'on fait de moins en moins de gestes par idéal, mais plutôt par intérêt. Un monde où l'on ne tend plus la main sans savoir ce qui se cache dans l'autre.

On pense à soi, rarement à l'autre. Et quand on se sent trop coupable, on pense un peu aux gens à l'autre bout du monde. Ça n'engage à rien, ça ne salit pas trop les mains et ça donne bonne conscience. Donc, on pense à soi, à l'autre… mais jamais à nous.

Dans une société individualiste, le passe-temps préféré de l'individu est de « psychologiser » son soi. Le sport national : se justifier à l'infini plutôt que de faire, de construire, de bâtir. Chacun a ses raisons d'être inactif. Chacun a sa « recherche intérieure personnelle » pour expliquer son immobilisme. Chacun est dans la compréhension et dans l'acceptation de ses défauts, plutôt que dans la transcendance et le surpassement de ces derniers. Comme si accepter qu'on n'accomplit rien était un accomplissement en soi. Comme si ladite « recherche intérieure personnelle » pouvait compenser le manque d'accomplissement extérieur collectif.

Qu'on ne s'y méprenne pas. Je ne suis pas contre le concept d'un individualisme sain. Je crois au contraire qu'il représente la clé de notre indépendance. Le jour où la majorité d'entre nous auront assez confiance pour exiger d'être eux-mêmes, libres et intègres, ils exigeront peut-être la même chose collectivement.

22

S'IL N'EN RESTE QU'UN, NOUS SERONS CE DERNIER

Maria Mourani

Notre peuple s'est construit, à travers le temps, par l'occupation d'un sol, d'un territoire, en périphérie d'un immense continent. Le Québec est et sera pour toujours notre maison. Simplement parce que nos pères et nos mères ont choisi de s'y construire et de s'y établir en relation avec d'autres nations, dont les Premières.

Modeste, mais souple dans sa capacité d'adaptation, notre peuple a réussi à surmonter les épreuves du temps, les turpitudes et les trahisons. Ce que nous sommes et ce que nous serons n'est pas issu du hasard, ni des seigneurs qui nous ont été imposés, qu'ils soient venus ou parvenus de la France, de l'Angleterre ou même d'Ottawa.

Jamais rien ne détournera notre peuple de sa destinée, comme l'eau qui creuse inlassablement et inexorablement le lit de la rivière. On nous privait de terre : on a défriché le Nord ! On nous a privés d'argent : on a fondé des caisses ! On nous a dit qu'on était nés pour un petit pain : on possède des boulangeries ! On nous spoliait de notre électricité : on l'a nationalisée ! On nous a dit de cacher notre langue : on la chante partout dans le monde ! On nous a dit qu'on n'avait pas d'histoire : on a fait l'histoire !

Ceux qui pensent qu'il y a une date de péremption à l'indépendance d'un peuple ont tout faux. Les fondateurs du Québec libre s'appelleront Nguyen Lévesque, Boutros Gagnon, Livingston Baulu, Traoré Tremblay… Il suffit d'une seule personne pour que la lutte continue…

Et comme le chantaient si bien Grégoire et Goldman dans la chanson *La Promesse* :

« [On était]… Quelques hommes quelques femmes en rêvant de liberté

On n'était pas à vendre…

On n'avait pas de maître…

Même au fin fond du désert…

On y croyait plus fort quand le courage manquait…

Quelles que soient vos histoires… n'oubliez jamais

Qu'un beau jour nous avions fait ensemble une promesse

S'il n'en reste qu'un nous serons ce dernier… »

À la victoire !

23

LE RISQUE CALCULÉ
DES GRANDES ÉTAPES

Simon-Pierre Savard-Tremblay

« Nous sommes des Québécois. Ce que cela veut dire d'abord et avant tout, et au besoin exclusivement, c'est que nous sommes attachés à ce seul coin du monde où nous puissions être pleinement nous-mêmes, ce Québec qui, nous le sentons bien, est le seul endroit où il nous soit possible d'être vraiment chez nous. Être nous-mêmes, c'est essentiellement de maintenir et de développer une personnalité qui dure depuis trois siècles et demi[*]. »

Ainsi débute l'œuvre majeure de René Lévesque, *Option Québec*; un livre qui allait avoir une influence déterminante sur notre avenir. En 1968, Lévesque et l'aile nationaliste du Parti libéral, enivrés par le bouillonnement caractérisant le Québec de la Révolution tranquille, ont voulu donner un nouveau sens au slogan « Maîtres chez nous ». L'essai de Lévesque

---

[*] René Lévesque, *Option Québec*, Montréal, Typo, 1997 [1969], p. 161.

est intéressant tout autant pour son contenu, car il présente pour la première fois une explication du projet d'indépendance en le mettant en perspective, que pour sa fonction idéologique. Il a ouvert sur un mouvement sans précédent. La suite est connue : les libéraux ont rejeté la thèse souverainiste, Lévesque a claqué la porte avec ses comparses pour fonder le Mouvement souveraineté-association, lequel a fusionné par la suite avec le Ralliement national, véhicule politique du nationalisme conservateur dit « bleu », pour doter le Québec d'une nouvelle option crédible nommée « Parti québécois ». Les événements subséquents ont marqué profondément notre imaginaire collectif : après deux tentatives infructueuses, le PQ a pris le pouvoir, transformant le ras-le-bol en raz de marée électoral. Notre nouveau gouvernement national a su mettre fin à la léthargie libérale et poursuivre l'œuvre de l'équipe du tonnerre pour que nous soyons, enfin, véritablement maîtres chez nous.

Or, en 1980, nous nous sommes dit non. Au cours de cette période charnière, nous n'avons pas saisi l'occasion ; nous avons regardé un avenir libre droit dans les yeux sans oser faire le pas en avant. Nous n'avons pas accepté le « risque calculé des grandes étapes » auquel nous conviait notre chef emblématique. René Lévesque, c'était un peu notre reflet. Nous l'adorions ou nous le détestions par moments ; nous le regardions avec affection, pitié, compassion, et nous nous en moquions même parfois, comme lorsque nous nous regardons dans le miroir. Le grand Camille Laurin a décrit mieux que quiconque Lévesque et, à travers cette analyse, l'âme québécoise elle-même : « René Lévesque me paraît comprendre et ressentir dans sa chair ces contradictions de l'homme québécois qui tout à la fois lui imposent de se libérer et l'empêchent d'y parvenir. [...] C'est pourquoi en somme le destin ne pouvait que le choisir comme accoucheur de notre liberté*. » Pour « Ti-poil », nous étions « peut-être » « quelque chose » « comme » un grand peuple…

Je n'ai pas connu René Lévesque – il est mort un an avant ma naissance – mais, comme beaucoup de jeunes Québécois, je le vois un peu comme un second père. Nous lui avons dit non, mais nous avons eu pitié de lui et fait amende honorable en lui donnant, quelques années plus tard, l'une des plus grandes victoires électorales de l'histoire. L'homme abattu qui a assisté au rapatriement de la Constitution n'était pas seulement le premier ministre du Québec, mais le Québec lui-même, et son visage exprimait éloquemment le sentiment d'injustice de l'ensemble des Québécois, qui avaient voulu, de par leur légendaire esprit de générosité et de douceur, laisser une autre chance au fédéralisme. Notre héros ne s'est jamais vraiment remis de cette expérience, tout comme le Québec entier, d'ailleurs, qui n'est ni indépendant ni signataire de la Constitution du Canada.

Si René Lévesque a pu être notre expression politique la plus exacte, c'est que son projet politique s'inscrivait nettement dans notre histoire, celle d'un peuple s'étant constitué dans la douleur d'une Conquête tragique – en dépit du conquérant et non grâce à lui. Un peuple qui a progressivement édifié une identité tout aussi fragile qu'attachante. Une nation qui s'est bâtie dans la survivance puis dans l'affirmation partielle, pour atteindre le plafond des avantages que son statut de province (*pro vinci* – pour les vaincus) lui permettra à jamais d'arracher. Une nation, encore inachevée, qui doit maintenant se parachever, se refonder et entrer dans l'histoire par l'affranchissement et la liberté. L'indépendance, c'est l'aboutissement de notre passé.

---

* Camille Laurin, *Témoignage*, Montréal, Éditions du Parti québécois, 1972, p. 56.

Être québécois signifie exactement la même chose en 2012 qu'il y a vingt, trente ou quarante ans. Un Québécois se pose comme l'héritier d'une culture construite par ceux qui l'ont précédé, tout comme il y participe afin de la léguer à ceux qui le suivront. Aujourd'hui, ma génération se comporte comme si le Québec était déjà un pays. À entendre parler les jeunes, les enjeux socioéconomiques priment sur la question nationale, de même que les grandes questions internationales, allant de la mondialisation à l'écologisme. Pourtant, leur identité est québécoise ; ils se disent québécois avant tout, lorsqu'ils ne se disent pas uniquement québécois ; «au besoin, exclusivement», comme l'écrivait René. Leur adhésion au pays québécois est un fait acquis, bien heureusement. Les jeunes veulent avoir des débats inhérents à toute société. Et je les comprends ; je le souhaite du fond du cœur. Notre héros le disait lui-même : une société normale ne devrait pas parler de sa langue, mais parler cette dernière.

Or il n'y a pas de récompenses sans efforts, de droits sans devoirs ou d'actes sans conséquences. Il faudra peut-être un jour accepter que nos actions ne demeurent pas vaines. Aujourd'hui, nous nous plaignons. Le Québécois comprendra-t-il un jour que ce ne sont là que les conséquences logiques de son dernier choix référendaire? Le Québécois laisse ses responsabilités et ses libertés à plus grand que lui pour ensuite reprocher à ce dernier la manière dont il les utilise ; quand il était temps de briser cette dynamique, il a eu peur. La victoire du «Non» est parfaitement légitime, elle est le résultat d'un vote démocratique. Mais que l'on ne se surprenne guère de ce à quoi nous assistons présentement.

Non, l'indépendance n'est pas une récompense sans effort, un droit sans devoir ou un acte sans conséquence. Elle est le résultat d'une prise de conscience

Notre indépendance

et de confiance. Notre nation doit montrer qu'elle mérite son indépendance. Celle-ci sera le fruit du travail acharné et de l'effort dévoué de millions de compatriotes qui laboureront les champs de l'avenir.

Non, l'indépendance n'inaugurera pas l'ère du pays des merveilles. C'en est au contraire la fin, la fin d'une sorte de léthargie.

24

« UN PEU » – LE DRAME DU QUÉBEC

Robert McKenzie

J'ai eu beaucoup de difficultés à écrire ce petit texte, car il m'a contraint à dire des choses désagréables sur le Québec. Pourtant, j'aime inconditionnellement cette terre qui m'a accueilli en 1956, à l'âge de vingt-deux ans, pays de presque toute ma vie d'adulte. Même si je me considérerai toujours comme un «immigrant» – et non pas comme un «immigré», statut trop définitif –, je suis fier d'avoir été accepté au sein de ce peuple francophone et de dire que mes enfants en font partie.

Depuis plusieurs années, un ami me taraude pour que j'écrive un livre, en anglais, qui expliquerait pourquoi le mouvement indépendantiste québécois a échoué malgré les arguments quasi naturels qui militent en sa faveur. Je n'ai pas pu le faire, car je crois le contraire. Éternel optimiste, je suis convaincu qu'on y arrivera, même s'il faut admettre que les changements démographiques et linguistiques des cinquante dernières années rendent plus ardu le chemin à suivre.

Cela me paraissait beaucoup plus clair en cet après-midi de 1957, rue Sainte-Catherine à Montréal, lors d'une balade avec un ami qui entra dans le magasin Ogilvy's pour acheter des chaussettes. On devine la suite : « *I'm sorry, I don't speak French.* » Sans montrer d'impatience, il conclut la transaction en anglais. Quelques minutes plus tôt, c'était le même scénario dans un café de la chaîne Murray's.

« Ça te met pas en furie ? lui demandai-je.

— Un peu.

— Vous autres, les Canadiens français, pourquoi acceptez-vous ça ?

— On veut pas de trouble. »

Il faut dire que ma première année au Québec m'avait habitué à ce genre de réponse. Francophile, j'avais vécu à l'Institut français d'Écosse, maison culturelle française, pendant mes trois années d'études à l'Université d'Édimbourg, puis une année en Algérie, avant de débarquer au centre-ville de Montréal, pensant naïvement me retrouver dans un milieu francophone. Les premiers mois, je vivais rue Stanley, et c'est plutôt mon vocabulaire anglais qui s'est enrichi d'une série de mots commençant par « sch » : *schlock, schmaltz, schlep, schiemiel, schmuck, schlong, schemozzle, schmatte, schtick.* Ça, c'était le soir.

Le jour, je faisais du porte-à-porte en vendant des bibles de langue française. Là, en échangeant avec les gens qui me faisaient entrer très chaleureusement dans leur maison à Valleyfield, Saint-Lambert, Victoriaville, je faisais l'apprentissage non pas d'un vocabulaire mais – comment dire ? – d'une pensée de soumission toute nouvelle pour moi. Pas seulement de « né pour un petit pain », devenu un cliché avec les années, mais des expressions qui émaillent le parler québécois encore aujourd'hui. Des expressions qui sapent le désir de changement, qui alimentent la résignation, qui signalent d'avance la reddition. « Il ne faut pas juger… Il faut accepter… Courbe le dos… Fais-toi petit… On n'a jamais manqué de rien… » D'autres expressions ont le même effet corrosif : « Se prendre pour un autre… Partir en peur… Il faut ce qu'il faut… Prendre son trou… » Le pire, évidemment, c'est « un peu », expression utilisée de façon obsessive à cette époque-là, et encore aujourd'hui, pour amortir, diluer, vider quasiment de son sens toute pensée jugée trop tranchée, trop radicale, trop claire, l'ultime défaut. On l'entend, utilisée inconsciemment, partout autour de nous : « Un peu estomaqué… Un peu choqué… Un peu éberlué… Un peu en maudit… Un peu, un peu, un peu. »

Mes proches disent que c'est l'Écossais presbytérien en moi qui parle. En partie, oui. Lorsque j'étais étudiant, en Écosse, certains réflexes de colonisé de mes compatriotes m'horripilaient. Mais ils ne prenaient pas la même forme, et c'est là un autre sujet. Tenir l'Église catholique romaine pour la seule responsable de ces atermoiements instinctifs de beaucoup de Québécois ? Je ne pense pas. Après tout, les mêmes causes n'ont pas produit les mêmes effets en Irlande ou en Espagne. Il faut aussi tenir compte, je crois, des effets dévastateurs d'une défaite militaire sur la personnalité collective d'un peuple, effets qui peuvent durer des siècles. Même chose en Écosse. Même en France, on en voit des marques, plus insidieuses. Je pense évidemment à l'Occupation. Vivre en vaincu, en soumis, en colonisé – appelez cela comme vous le voulez – laisse des traces, et pour longtemps.

On s'amuse des affirmations par la négative dans le parler québécois : « Pas pire… Elle est pas laide… C'est pas de refus… Je dis pas non… Il est pas gêné… » C'est sympathique, mais je retiens qu'au Québec il vaut mieux parfois avancer à reculons. Traverserons-nous un jour la ligne d'arrivée de l'indépendance à toute vitesse, les deux mains sur le volant, en marche arrière ?

Pourquoi livrer ici ces impressions, qui sont plutôt décourageantes ? Parce que je sais que les Québécois sont capables de se sortir de ce magma gélatineux. Je nuance : capables lorsque surviennent certains rares moments privilégiés où les circonstances – un revers particulièrement humiliant, un affront plus cinglant que d'habitude, l'insulte que l'on ne peut plus laisser passer – les poussent à réagir. Cela aurait pu se produire après le rejet de l'Accord du lac Meech ou lorsque René Lévesque a découvert, mais n'a pas dénoncé publiquement, les étranges fréquentations rémunérées de son lieutenant Claude Morin avec la GRC.

J'ai passé presque toute ma vie à écrire sur la politique québécoise, et sur la vie au Québec, pour un public du Canada anglais. J'aurais été plus utile si j'avais eu la possibilité d'écrire sur le Canada anglais pour des lecteurs du Québec. Je n'ai jamais vécu au Canada anglais, mais je l'ai connu « par osmose » à travers le grand quotidien torontois pour lequel je travaillais. Je suis convaincu que le Québec serait indépendant depuis longtemps si les Québécois avaient la moindre idée de l'indifférence – quand ce n'est pas le pur mépris – que l'on nourrit à leur égard. J'ai connu des types formidables parmi les journalistes de l'extérieur du Québec que j'ai côtoyés pendant toutes ces années. Mais, comme tout journaliste qui travaille ici pour un média établi ailleurs au Canada, j'ai dû résister constamment à leur goût pour le « *Quebec-bashing* ». Dans les années 1960, mes patrons au *Toronto Star* espéraient voir confirmés dans mes articles leurs préjugés sur la « *priest-ridden province* » et « *Montreal, crime capital of America* ». Plus tard, on flairait les supposés penchants fascistes des chefs indépendantistes et la persécution de la pauvre minorité anglophone menacée. De l'époque où nous dictions au téléphone nos articles de dernière heure, j'entends encore la voix du *rewrite man* qui transcrivait mon reportage sur un discours de Marcel Masse : « *Fucking frog, fucking frog.* » Tout cela est sciemment maquillé par Radio-Canada, seul grand média qui prétend faire le pont entre ces deux grandes solitudes, un cliché, celui-là, aussi vrai qu'au moment où Hugh MacLennan l'a écrit dans les années 1940. Dans les sujets abordés quotidiennement à propos des « Britanno-Colombiens » et du « Nouveau-Bronze-wik », on évite pudiquement de parler de l'attitude des Canadiens anglais envers les francophones et les Québécois en particulier. Seules les pires extravagances de Don Cherry et des orangistes de Brockville arrivent à percer ce très discret rideau de velours.

D'une génération à l'autre, il vient un moment où les Québécois francophones surmontent cette prudence étouffante. Qui se souvient que Camillien Houde, maire de Montréal, fut emprisonné à cause de son refus d'obtempérer lors de la crise de la conscription en 1942 ? Combien de jeunes aujourd'hui peuvent mesurer le courage des fondateurs du RIN en 1960-61, alors que personne ne savait s'ils ne seraient pas accusés de sédition et emprisonnés, comme l'a d'ailleurs été Michel Chartrand lors de la crise d'Octobre, dix ans plus tard ?

Parmi ceux qui ont exercé le pouvoir depuis cette époque, Jacques Parizeau aura été l'incarnation de ce courage « à visière levée ». René Lévesque, malgré les immenses services qu'il a rendus au Québec, aura trop souvent représenté cet autre courant de valse-hésitation, avance-recule. L'insoumis du Parti libéral de 1960, le réformateur intrépide du Parti québécois de 1976 s'est mué, avant la fin de sa carrière, en apologiste du « beau risque » d'un Canada renouvelé.

On doit beaucoup à René Lévesque, mais je crois qu'on ne sert ni la vérité historique ni les chances du Québec dans l'avenir en le décrivant comme un « libérateur de peuple », comme on l'a fait sur sa pierre tombale. Il n'a libéré personne. Sur la question de l'indépendance, c'était un monument d'indécision. Sa bouche disait « Oui », mais son visage disait « Peut-être » et son corps disait « Non ». Pendant plus de trois ans au pouvoir, de 1976 à 1979, il a en grande partie délégué à d'autres la promotion du projet. Aux journalistes qui l'interrogeaient sur le référendum promis, il réagissait avec agacement. À ses ministres, il disait : « Morin s'en occupe. » De son vivant, après la défaite référendaire de 1980, il a mis la quête d'indépendance au placard, ce que des adversaires ne manqueront pas de démontrer en temps voulu. « Souveraineté-association » était l'expression même des hésitations et ambiguïtés personnelles de Lévesque. Souveraineté-un-peu-association. Cela nous a donné la question tordue du référendum de 1980 et l'argumentation à reculons à laquelle les forces du « Oui » ont été condamnées. J'entends encore le regretté Gérald Godin, poussé dans ses derniers retranchements lors d'un débat télévisé : « Tout ce qu'on demande, c'est un mandat pour s'asseoir. » Jacques Parizeau, qui avait comparé de pareilles contorsions à « un plat de spaghettis », a bien essayé, en revenant au pouvoir en 1994, de dessiner une ligne droite menant à la souveraineté. Se souvient-on de la question qu'il voulait poser : « Voulez-vous que le Québec devienne un pays indépendant en date du… ? » Malheureusement, la nécessité de satisfaire de nouveaux alliés, par suite du résultat mitigé du vote en 1994, l'a amené à accepter – probablement à son corps défendant – une autre question filandreuse au référendum de 1995. Ce genre de potage indéfinissable est donc une réalité politique québécoise. Cessons de rêver à la clarté, alors que le batelier québécois avance avec plus de confiance sous le couvert de la brume.

Le fait que le nationalisme a été un puissant moteur de progrès dans presque tous les domaines, sans pour autant qu'on arrive à son aboutissement naturel, l'émergence d'un pays indépendant, n'est pas le moindre paradoxe du Québec. Tous les grands projets au Québec depuis 1960 – nationalisation de l'électricité, création de la Caisse de dépôt, loi 101 pour la survie du français, protection des terres agricoles, mesures pour stimuler la montée d'un entrepreneuriat francophone – avaient une couleur nationaliste. Tout le long de ce parcours, il y a toujours eu des voix pour dire qu'on allait « un peu trop loin ». J'entends encore le docteur Irénée Lapierre, élu président de la Fédération libérale du Québec, au milieu des années 1960, par l'aile conservatrice du parti qui cherchait à ralentir la Révolution tranquille, déclarer d'un air satisfait : « Je pense que j'ai été mis là, un peu, pour mettre les freins. »

Il y a aussi les voies d'évitement dont les Québécois font une spécialité. Souvenez-vous de ces débats interminables sur « un projet de société » auxquels nous avons été astreints avant que ne puisse se tenir le référendum de 1995. Un exemple de cette impuissance m'est resté gravé dans la mémoire : une discussion sans fin, lors d'une réunion à Saint-Romuald, près de Québec, sur la nécessité d'implanter plus de pistes cyclables à travers le Québec. Droits des minorités, des femmes, des gais, des aînés, des handicapés, des jeunes : tout y passait comme si on ne pouvait pas se faire confiance pour avoir un pays, en dehors du bienfaisant parapluie canadien, sans répéter dans le moindre détail à quel point il serait démocratique. Demain, il y aura d'autres diversions pour ceux qui en raffolent : élections à date fixe, introduction d'un système électoral à représentation proportionnelle, quelque autre bidule auquel on pourra accoler le nouvel adjectif à la mode : « citoyen ». Ce n'est pas que les causes ainsi défendues soient toujours dénuées d'intérêt ou de valeur. Mais si on voulait détourner les gens de la question fondamentale de l'avenir du Québec, on ne s'y prendrait pas autrement. Dans quelle mesure, depuis cinquante ans au Québec, des gauchistes de salon, des chevaliers du communautaire, des promoteurs de causes « citoyennes », des syndicalistes retraités à la bonne conscience tonitruante, des universitaires en mal de visibilité télévisuelle ont-ils (et elles, hélas) retardé, confisqué, détourné, fait dérailler le mouvement visant à faire du Québec un pays indépendant ? La question se pose.

Les Québécois ont-ils un vouloir-vivre collectif ? À l'instant où j'écris ces lignes, c'est toujours « le confort et l'indifférence » qui prévalent. Cela peut-il changer ? Oui, face à une provocation grave, probable dans le climat actuel, venant du Canada anglais ou d'un danger pour leur avenir dont les Québécois deviendront convaincus. Cela sera peut-être un ensemble d'éléments perçus comme hostiles au Québec et jugés inacceptables par la majorité des Québécois, comme on en voit s'accumuler maintenant sous le gouvernement actuel : recul du français dans les services fédéraux, atteintes à la vie privée résultant de lois fédérales, évolution vers une société dans laquelle les Québécois ne se reconnaissent pas dans de multiples domaines (armes à feu, jeunes contrevenants, loi et ordre, environnement…). Il faudrait à ce moment-là avoir à Québec un gouvernement prêt à tirer la conclusion qui s'impose.

L'ami dont je parlais au début de ce texte m'avait longuement entretenu sur la prudence des Canadiens français et la longue patience qui leur avait permis de survivre à la défaite militaire et à l'occupation. Hésiter pouvait être une grande qualité, disait-il, évoquant « le drame terrible du choix » d'André Gide. Aujourd'hui, je lui répondrais que le drame des Québécois francophones ne porte plus sur « quoi » choisir, mais simplement sur le fait de se résoudre à choisir tout court.

C'est UN PEU ce que je pense.

Post-scriptum – Ce texte a été écrit avant la crise étudiante du printemps 2012. Voilà une nouvelle génération de Québécois apparemment libérés des « tataouinages » du passé. Cela nous donne beaucoup d'espoir pour l'avenir.

25

LE DÉNI

Amélie Prévost

Quand on a bombardé ma maison
Et qu'il n'en restait que des fenêtres craquées
Comme suspendues dans le vide,
Entre les piles de vieilles briques,
Dans un rayon de poussière aveuglant,
On m'a ouvert les bras et accueilli ma rage,
Mais je n'ai pas crié.
J'ai dit que tout allait superbien
Que non sérieux, j'pète le feu, et ça tombe bien,
   j'avais envie de rénover !

Idem avec ce rendez-vous que je n'ai jamais pris
Parce que je ne voulais pas avoir les résultats.
Je préfère mourir par surprise.
Plutôt que d'y aller, j'ai fumé des cigarettes
Pour m'arracher la gorge,
Être obligée de me taire
Et me convaincre que si je n'en parle pas,
   ça n'existe pas.

Si ce n'est pas verbalisé, ce n'est pas vrai,
  c'est du fantasme
Une possibilité dans un gros tas de possibilités
  mêlées,
C'est un tas de fils derrière la télé.
De toute façon, la mort n'advient qu'aux autres.
Dans mon clan, on s'est toujours battu,
Et la victoire est inscrite dans mes gènes.
Je vais survivre, parce que c'est comme ça que
  ça fonctionne.
Alors j'ai dit que je prenais des multivitamines
Que c'est vraiment efficace, que je suis de très
  très très bonne humeur !

Et puis, à l'occasion d'un débat de salon,
Quand ça hurlait du ventre et grondait,
Je n'ai pas lu le journal.
J'ai préféré ignorer l'actualité
Rester murée dans ma réalité en pain d'épice
Me bourrer de glaçage américain
Me convaincre que ça me ressemblait,
  que c'était moi.
Alors j'ai souri
Et j'ai dit que non, je n'en pense rien.
Regarde-moi ! Je suis invincible avec mon
  Ab roller plus et mes tisanes amaigrissantes !

Je l'avoue sans ambages, c'est chaque fois la
  même chose.
Je ne fais qu'être là.
Je poireaute comme une chienne devant
  le dépanneur,
Attachée au poteau.
Sauf que moi, je n'ai pas de laisse.
Mais j'aime mieux faire semblant d'être ligotée
Parce que j'ai peur et paresse.

Alors j'attends patiemment que mon maître
   ressorte, avec une caisse de Molson Canadian,
Et qu'il me tende la moitié d'un biscuit.
Puis, je le remercie, en branlant de la queue,
De m'avoir fait marcher jusqu'au coin de la rue
Et ramenée à la maison, bien en sécurité,
Alors que moi,
J'avais eu l'idée de partir…
Ailleurs
Loin
Longtemps
Pour me remplir d'air,
Retrouver mon maintien, le mordant de
   ma jeunesse,
Et partir à la chasse, à la guerre, à la vie.

Mais je macère dans mes *patterns*.
Je me couche, je me gratte.
Si c'est trop long je chiale un peu,
Mais pas fort,
Pour ne pas me faire chicaner,
Pour ne pas qu'on décide de me priver
   de récompense,
Parce que je n'ai pas été gentille.

Et je dis que
Non, non. J'en ai une laisse tu ne la vois pas?
   Mais regarde comme il faut elle est là!

Je n'ai pas de laisse.
Mais je reste là.
Je nie.

26

KEBEKWA

David Goudreault

Je suis un fier fils de la fleur de lys
Je chante ce monde qui m'enchante comme Félix
Las des idées lisses et fixes qui enlisent
Et des indécis d'ici qui s'anglicisent
Québec!

Bastion francophone en Amérique du Nord
Des progressistes passionnés de la trempe
    des forts
Qui trempent dans l'effort
C'est une lutte de faire reconnaître notre art
    de vivre
Notre culture encore vive
Au théâtre, à l'étable ou à l'usine
Nobles et notables;
Nos *partys* de cuisine

D'ailleurs, Toi d'ailleurs
Bienvenue à ma table

Que tu sois noir, gai ou arabe
Et même tout ça en même temps
Ça ne m'effraie pas, ne me rends pas « drabe »
Je suis fils vivant d'un peuple accueillant
Je ne crois pas à leur panier de crabes
La peur est maintenue par les ignorants
On ne peut haïr que l'inconnu
Alors viens me faire rire qu'on ne le soit plus

Vivre
Vivre ensemble
Un Québec libre

Que pas à pas
On passe du face-à-face
Au tête-à-tête
Qu'on efface l'ego et ses conquêtes
Qu'on quête du sens sans race
Qu'on s'enracine
Libres et en place
Comme devraient être de vrais êtres
Qui passent de l'étrange à l'échange
Je suis fruit du mélange « multicoolturel »
De peuples qui fuient les marées ou qui coulent
      sur elles
Cycle des siècles de langues qu'on mêle
Toujours et jamais les mêmes
Un peu rouges un peu ébène un peu blêmes
Et bien basanées par les années
Alors il n'y a pas de recul
Bienvenue !
Y a pas de reclus
Je t'accueille !

Vivre
Vivre ensemble
Un Québec libre

Et à la fin du repas, repus
De falafels, poutine ou poisson cru
On ira au bord du fleuve prendre le repos
Comprendre le pouls humain
Dans une poignée de lendemains

Peu importe la douleur de la peau
Et des peuples qui plient
Sous le poids d'un drap, d'un drapeau
De Baie-Comeau au fond de l'Estrie
On brille par l'ouverture d'esprit
Et même si elle n'est pas à la mode
Elle fait de nous un modèle
Quoi que les marchands en disent
Y a pas que les marchandises
Qui ont le droit de circuler
Y a pas que dans les circulaires
Que je veux voir les spéciaux du monde entier
Moi, je veux sortir autant que laisser entrer
Alors faut s'y mettre, maîtres chez nous
Plus jamais à genoux, le je du nous
Passera par toi
Vivre
Vivre ensemble
Un Québec libre

Il faut qu'on se démène
À prendre le pouvoir
Pour voir où ça nous mène
Et apprendre à pourvoir
À nos propres besoins
Que nos ministres minimisent
Même sur nos soins ils ont mainmise
Mais
Dans ma maison ma mie
Mamie sera à l'abri

Sens la brise qui souffle
Qu'ils souffrent jusqu'à ce que brise
Leur pauvre vieux néolibéralisme
Qui nous rend un peu comateux
On en a les liens comme mous
Pourtant tous comme eux
Oubliant le bien commun
Rappelons-nous surtout
Qu'on s'est bâti les autres, les uns
Épaules métissées à la roue
Rouage d'un pays
De fermiers ouverts
De citadins citoyens de la terre
Terre des hommes, on s'y réfère

Il reste un autre référendum
Et ma chère sœur, fier frère ou *chum*
J'espère que tu voteras
Qu'on ne vivotera plus
Que nous vivrons plus
Que nous verrons que ce qui nous tient
Au-delà des rites, des rythmes et des écrits
C'est mon pays qui est le tien!

Même que sur nos plaques sera inscrit
« Je me souverain »

27

¡QUEBEC LIBRE!

Justine Patenaude

> « Plus de deux mille ans après Jésus-Christ,
> toute l'Amérique du Nord est occupée par les Américains…
> Toute ? Non ! Car un village peuplé d'irréductibles
> Québécois résiste encore. »

Depuis le laboratoire de mes pensées, je vous présente les résultats d'années de réflexion. La démonstration d'un phénomène étonnant. En effet, la culture québécoise n'apparaît pas si différente de celle d'un pays étranger, petite île des Caraïbes que je nommerai plus tard, mais elle est entièrement distincte de la culture canadienne. Si on comprend ce constat, le désir d'indépendance peut s'expliquer très simplement.

Je ne peux affirmer comment serait la vie dans un Québec indépendant. Mais je peux m'exprimer sur le sentiment d'indépendance et la définition à laquelle je l'associe le mieux : le sentiment d'être différent et de ne pas vouloir les mêmes choses que les autres.

Je pense que le désir de faire du Québec un pays est intimement lié à sa culture. Parce qu'on s'identifie à la culture qui nous influence et qu'on a l'impression de façonner. C'est par le jeu de ces interactions qu'elle en vient à nous rejoindre, à exprimer nos valeurs. Et cette culture n'est pas toujours celle de notre citoyenneté, de notre passeport. Un diagnostic sévère s'impose alors : celui de la dissonance cognitive. Le fait d'abriter des sentiments contradictoires qui placent l'individu qui en souffre dans un désagréable état de tension.

À moins d'avoir vécu à différents endroits dans le monde dès son jeune âge, on ne s'identifie souvent qu'à une seule culture. Un peu comme la famille, on ne l'a pas choisie, on ne l'aime pas toujours, mais on la reconnaît entre toutes comme le berceau de ce que l'on est. Pour moi, il est évident que la maison parentale, celle qui conserve les odeurs connues et abrite ma chambre d'enfant, c'est le Québec. Pas le Canada. Et je ne fais pas ce choix. Je constate simplement qui je suis. Car la culture du Québec est à ce point différente de celle du Canada que je ne peux faire semblant d'être née des deux.

À preuve, le jeu de société Cranium. Ne vous moquez pas. Les phénomènes les plus complexes se démontrent souvent mieux par la banalité des exemples que l'on peut en donner.

Je me souviens. Je me souviens d'une soirée entre amis, il y a de cela une dizaine d'années, au cours de laquelle nous avons découvert les rudiments de ce jeu. Dissonance cognitive oblige, les concepteurs ont produit deux versions, l'une, canadienne, et l'autre, québécoise. Durant cette soirée, c'est la version canadienne – à l'initiative de l'ex-copain anglophone – qui a été testée. Je me suis prêtée au jeu.

Ma performance s'est avérée exécrable. Je me suis cassé la tête, en vain, à tenter de trouver les réponses : des expressions que je n'utilise pas, des chansons jamais même entendues, des comédiens qui figurent dans telle émission canadienne que je ne regarde pas. Je constatais que j'étais incapable de répondre à ces questions de connaissances dites générales. Je prenais conscience d'une différence culturelle majeure. Et je

Notre indépendance

compris tout à coup que cette réalité, à elle seule, suffisait à dresser le spectre d'une nation distincte.

Mon hypothèse a été confirmée quelques années plus tard lorsque j'ai rejoué à Cranium, mais version québécoise. J'ai su répondre à la majorité des questions et mon équipe a gagné. Cet événement, autrement banal, l'aurait été s'il n'avait pas établi à ma place la conclusion de mes réflexions : la culture définit les *connaissances* et, par le fait même, la *performance* des individus dans leur environnement. Leur capacité à s'exprimer, à s'épanouir et à réussir est plus difficile à concrétiser dans un monde qui ne leur ressemble pas. Et, justement, tout du Canada m'apparaît comme si je vivais sur une autre planète. Et, pourtant, on insiste pour dire que je suis en plein dedans ! Je dissone.

Soupir.

C'est forte de ces constats, et à l'initiative d'une certaine amie qui dissonait elle aussi, que j'ai été convaincue de m'envoler avec elle vers un pays étranger, petite île des Caraïbes. Comme le Québec, une autre Gaule, où une poignée d'irréductibles résistent encore.

Je me souviens. Je me souviens que, sur les ailes d'Air Cubana, nous étions assises à côté d'un jeune Montréalais qui avalait à même la bouteille une quantité de rhum inquiétante : notre voisin de siège regardait, perplexe, nos livres sur la révolution, sur l'histoire du Che, et notre dictionnaire français-espagnol. Visiblement, il ne partageait pas nos objectifs de voyage. De notre côté, nous partions pour découvrir un peuple. En fait, l'avion transportait autant de touristes québécois que de Cubains allant visiter leurs proches. Et déjà, dans les airs, cap sur La Havane, la *fiesta* battait son plein : l'amalgame des ressortissants des deux villages gaulois se célébrait avec une facilité déconcertante.

Arrivées à destination, nous avons fait l'expérience de cours d'espagnol donnés à même la terrasse d'un ancien couvent. J'y ai fait la rencontre du professeur Osvaldo. Les échanges ont été plus qu'enrichissants et, sa curiosité aidant, j'ai eu l'occasion de lui parler du désir d'indépendance de beaucoup de Québécois. Cuba ayant obtenu son indépendance de l'Espagne il y a plus d'un siècle, Osvaldo pouvait certainement comprendre ce sentiment. Je lui ai aussi parlé de l'urgence que nous ressentions de protéger notre langue, le français. Parce qu'il est erroné de penser, selon moi, que le français restera toujours la première langue du Québec si on ne prend pas des mesures pour la protéger. Cette fois, Osvaldo a paru surpris. Dans son pays et dans la plupart des pays, la langue officielle – dans son cas, l'espagnol – s'impose d'elle-même, malgré les influences des langues secondes et les faits historiques qui auraient pu mener à leur disparition. Dans notre cas, la « *ley 101* » est en vigueur pour protéger le fait français, qui pourrait pourtant s'autosuffire s'il était libéré de son trouble psychologique, de sa dissonance, par une « Canadasectomie ».

Osvaldo me disait aussi que l'influence des autres langues à Cuba n'est pas une menace pour l'espagnol, pour la langue officielle. Au contraire, de nombreuses écoles et universités mettent l'accent sur l'apprentissage des langues secondes, sans crainte pour la pérennité de la langue première. Il en va par ailleurs autrement dans quelques autres endroits de l'Amérique latine, comme chez les communautés du nord du Mexique, près des frontières américaines, qui sont, par la force des choses, influencées par l'anglais à un point tel qu'on y découvre une version diluée de l'espagnol, le *spanglish*.

Cuba parvient à conserver intacte sa culture, isolée sur son île et protégée à outrance par son dictateur. Mais c'est d'abord son indépendance qui constitue, pour moi, le gage de son autonomie, de sa polygamie : de sa capacité, même dans sa différence, à se marier avec aisance à tant de partenaires culturels, sans pour autant y perdre son identité.

Imaginez un instant le potentiel de notre Gaule à nous, prospère et déjà dotée d'une démocratie forte !

Juste avant notre départ, Osvaldo m'a avoué qu'il trouvait notre langue si belle. Amusée, je lui ai demandé de quels mots il aimait la résonance en français. Et il m'a répondu, avec beaucoup d'émotion : « *Es un desayuno hecho con pan, en forma de media luna.* » Un déjeuner fait avec du pain, en forme de demi-lune. J'ai dit : « Croissant ? » Et lui, dans toute son intensité face à la beauté du français : « Oui, croissant ! Quel beau mot ! »

Hilarant ou touchant, je ne sais pas. Les deux, sûrement. Une chose est sûre : notre langue est précieuse et admirée, même dans son vocabulaire simple.

Je ne prétends pas que, quand le Québec deviendra indépendant, nous ne parlerons plus l'anglais ou n'aurons plus à nous inquiéter du fait que le français est une langue pour laquelle il faut lutter. Ce que je crois, c'est que nous serons au moins fiers de faire enfin du français non pas la langue officielle – parce qu'elle l'est déjà – mais la langue dont nous sommes dignes, en représentant le pays du Québec à l'international comme un État de langue française.

De mes réflexions et de mes voyages en Gaule, je constate que ce qui m'unit le plus à un pays est le sentiment d'appartenance, via sa culture dans laquelle je me reconnais, qui dégage les effluves de mon nid.

Et je pose donc le constat que la culture québécoise, bien qu'elle ait pignon sur rue en Amérique du Nord, s'apparente étonnamment plus à la culture cubaine qu'à la culture canadienne, dans son insistance à exister telle qu'elle est, indépendamment des

influences dominantes qui l'entourent, dans son atta-
chement à l'indépendance de son peuple, dans son
désir de faire la fête en toute occasion, même sans
occasion, et dans son socialisme aussi. Malgré les ratés
économiques attribuables à la dictature, cette petite
île résiste encore, envers et contre tous. Et pour nous,
irréductibles Québécois, est aussi venu le temps déjà
trop attendu d'affirmer nos propres valeurs en tant
que pays. Et alors, émancipés, nous arriverons à passer
la bague au doigt du monde.

Je continue d'espérer un Québec souverain, pour
que nous puissions, un jour, écrire l'Histoire ainsi :

« Plus de deux mille ans après Jésus-Christ, toute
l'Amérique du Nord est occupée par les Américains…
Toute ? Non ! Car un pays peuplé d'irréductibles Québécois a commencé d'exister. »

28

LIBERTÉ

Maka Kotto

«Pour juger des poètes, il faut savoir sentir, il faut être né
avec quelques étincelles du feu qui anime ceux qu'on veut
connaître, comme, pour décider sur la musique, ce n'est pas
assez, ce n'est rien même de calculer en mathématicien la
proportion des tons : il faut avoir de l'oreille et de l'âme.»
Voltaire, *Essai sur la poésie épique*, 1727

Salut compagnons
À vous qui avez mesuré de votre pas ferme
l'étendue de l'univers
Mais pour qui, dans vos cœurs, rien n'a pu
    supplanter le Québec
Pour qui rien n'a pu satisfaire votre quête de
    LIBERTÉ
Ni calmer votre passion invétérée
Trop pure
Trop pure l'exigence de votre sang

De votre âme rayonne l'indifférence
Et votre cœur est sourd aux ruses de la fée
Aux appels enchanteurs de l'intérêt personnel
Votre orgueil gronde et fleurit
aussi sûr aussi bleu qu'au milieu de l'océan
la fermeté d'une grande île

Vous qui voulez donner à votre peuple sa
    raison d'être
Pour qu'il puisse tirer le meilleur du monde,
    du temps, de l'espace, de la vie
Vous qui voulez lui donner une voie libre
Vous pour qui le Québec ne peut s'inscrire
    durablement dans l'histoire
et dans le cœur des vivants que par lui-même
L'un de vos devoirs fondamentaux réside dans
    le respect de cette évidence
Compagnons généreux au service de la souveraineté
Cœurs fiers et bons tous ensemble
Porteuses et porteurs de liberté
je viens ce jour adresser un modeste message
Déposer sur vos fronts quelques images
qui raisonnent simplement comme
« Ensemble, debout, unis, jusqu'au bout du chemin »

Car même dans nos sommeils rares
la souveraineté est notre principal message
Et toujours au plafond de notre cage
nous suspendons ce grand phare

Compagnons généreux au service de la dignité
Cœurs fiers et bons tous ensemble
Porteuses et porteurs d'espérance
qui toujours rêvez du Québec libre
Votre don, le don de vous inspire la dignité
La confiance
Il ouvre sur la solidarité
sur un sentiment d'appartenance à une même cause
à une même famille
Et s'il fallait notre commune action
décrire en un mot
telle que saisie dans notre rêve
on dira le mot « PASSION »
Ce mot qui nous fait croire

Notre indépendance

et qui nous fait parfois douter
Ce mot qui nous fait fous
et nous entraîne par contagion
dans cette force
qui combat le sentiment d'impuissance
pour combattre tout simplement
cette rumeur parfois tenace
qui affirme : « De toute façon ça n'arrivera pas »

Il faut garder la foi
et croire au Québec libre
Car en vérité
ce qui peut devenir fatal
c'est de croire à la fatalité

Ce Québec-là se réveillera un matin soudain
De cette ambivalence
de cette indifférence
de cette lâcheté
de cette paralysie
de cette soumission
de cette confusion
de cette résignation
de cette incapacité
de ce confort dans l'inconfort
de cette envie de rien et de tout
de cette envie d'être et de ne pas être

Il se réveillera un matin soudain
pour crier sa liberté
pour crier son émancipation
voler de ses propres ailes
voguer avec ses propres voiles
Ailes de liberté
Voiles de liberté
Il aura faim de liberté
Il se réveilla un matin soudain

avec cette force
qu'il ne soupçonnait pas
qu'il avait là, au fond du cœur
Au fond des tripes
Et qui attendait pour se propulser enfin

avec cette envie nouvelle
d'exister
de parler
de crier

Il veut les rencontrer
Celle-là, celui-là
Toutes celles, tous ceux qui maudissent la liberté
Qui refusent d'aller plus loin,
au bout d'eux-mêmes
Il finira par les rencontrer
Alors il se dit qu'il faut tenir
Que ça ne fait rien
Ça passera
Que rien n'est immobile
Qu'un jour le ciel s'éclaircira

Il se dit en travaillant
que tout sert à soi
aux autres
à l'UNITÉ
Qu'un jour prochain ça repartira
Que de nouveau ils pourront se dire « Bonne journée »
et la vivre cette journée
Avec cette vigueur nouvelle, nouvellement née
Cette ardeur et cet enthousiasme qui font avancer
Qui du moins donnent le sentiment d'avancer
vers la liberté
Et de la vivre
de l'accomplir
cette liberté

Notre indépendance

En attendant il lui demande à cette liberté
à laquelle il ne tient que par un fil
le salut
Mais que c'est long le temps
Tout ce temps déjà
Ça ne fait rien, se dit-il
Ça ne compte pas, le temps
Ça n'existe que parce qu'on attend
Et alors, il écoute
Il écoute les voix
Celles qu'il n'entendait plus
Mais qui se décident à parler

Il croit à ça
À la liberté qui descendra sur lui
À la démocratie
À l'unité
À la cohésion
À la liberté
À la paix

Et dans ce monde
il arrive à rencontrer la joie
Avec toutes celles et ceux encore qui ne le
    reconnaissent pas
Cette envie si forte de donner, d'échanger

Il se dit qu'il n'oubliera jamais
ce qui lui est arrivé
Qu'un jour il sera là
Pour tendre la main
et se hisser en soliste
dans le concert des nations

C'est pour tout cela qu'il tient
C'est pour tout cela qu'il sait
que rien n'est jamais fini

Liberté

C'est pour tout cela que les forces lui reviennent
et qu'elles lui redonneront le goût
Le goût de lui-même
Le goût des autres
Le goût de la vie
C'est pour tout cela qu'il croit à sa liberté
C'est pour tout cela qu'il en devient le vécu

Il se réveillera un matin soudain le Québec !
Et quand triomphera son « OUI »
dès la seconde qui suivra
on entendra au loin une rumeur sourde
Roulante, grandissante
Puis, omniprésente
Tout le Québec en transe sera dehors

Quand le « OUI » l'emportera !
Jamais paysage ne vibrera d'aussi allègres refrains
    patriotiques
La résignation enfin exorcisée
dans le seul territoire francophone des Amériques
Il flottera désormais dans l'air de la Nation,
des accents de défoulement libérateur
Quand le « OUI » l'emportera !
Bon gré mal gré, le peuple y sera acteur
irrésistiblement engagé dans quelque rôle
au cœur d'un ballet sans finale
où se fonde l'espoir d'une ample et fière Nation

Quand le « OUI » l'emportera !
La lune elle-même arborera cette nuit-là
Une lumière magique inoubliable :
Quelque part en Amérique, le Québec se libérera.

BIOGRAPHIES

JEAN-MARTIN AUSSANT

Les deux projets de vie de Jean-Martin Aussant consistent à faire la souveraineté du Québec et à vivre de sa musique un jour. Il ne se contentera de rien de moins que de la réalisation des deux.

LOUISE BEAUDOIN

Louise Beaudoin est née il y a longtemps à Québec. Historienne de formation, elle a tenté, sans succès, de faire l'Histoire plutôt que de l'écrire. Militante souverainiste depuis toujours, elle a été députée et ministre.

EMMANUEL BILODEAU

Ancien avocat (barreau, 1988) et journaliste (*La Presse*, Radio-Canada), Emmanuel Bilodeau est comédien et, à l'occasion, de plus en plus, humoriste. Ce texte est tiré de son premier numéro d'humour présenté au festival Juste pour rire en 2011.

SERGE BONIN

Comédien issu du Conservatoire d'art dramatique de Québec, parfois aussi auteur et metteur en scène, souvent avide de lectures politiques, tout le temps père d'une famille de quatre enfants, Serge Bonin a participé à plus de quarante productions théâtrales professionnelles, quelques émissions de télévision, de nombreuses publicités et d'autres engagements. Il est l'auteur de *Je suis né en 1976*, un texte souverainiste (essai ou manifeste) avec lequel il fait la tournée du Québec pour faire (re)naître l'idée du pays du Québec.

PIERRE CURZI

Après des études primaires, le cours classique et l'École nationale de théâtre, Pierre Curzi devient acteur au théâtre, au cinéma et à la télévision, accessoirement professeur et scénariste. Président de l'Union des artistes pendant huit ans, il sera au cœur de la bataille qui donnera naissance à la Convention sur la promotion et la protection de la diversité des expressions culturelles. Actuellement, il termine son deuxième

mandat comme député indépendant de la circonscription de Borduas.

Françoise David

Françoise David est née à Montréal. Après des études en service social, elle devient organisatrice communautaire et travaille dans des quartiers populaires de Montréal. Elle deviendra présidente de la Fédération des femmes du Québec en 1994 et organisera deux marches qui feront grand bruit. Depuis 2006, elle est coporte-parole de Québec solidaire, un parti souverainiste, de gauche, écologiste et féministe.

Catherine Dorion

Détentrice d'une maîtrise en War Studies du King's College London, d'un baccalauréat en relations internationales et droit international de l'UQAM et du Conservatoire d'art dramatique de Québec, Catherine Dorion évolue aujourd'hui dans trois sphères : l'écriture, le théâtre et la politique. Elle performe sa poésie sur toutes sortes de scènes, et ses textes engagés sont publiés dans plusieurs journaux, magazines et recueils.

Joannie Dupuis

Plus jeune, Joannie Dupuis rêvait d'être comédienne à Hollywood. Aujourd'hui, elle termine une maîtrise en gestion des ressources humaines. Elle aime l'art sous plusieurs de ses formes, la psychologie, la sociologie, les animaux et le Québec. Pour elle, l'expression de soi est l'une des choses les plus essentielles à la vie.

Catherine Fillion-Lauzière

Catherine Fillion-Lauzière est avocate et possède une maîtrise en droit international et politique internationale. Elle travaille dans le domaine de l'immigration et de la protection des réfugiés et siège au Comité pour le rayonnement international du Barreau de Montréal depuis 2010. Elle aime coucher son adrénaline sur papier, concrétiser des projets qui peuvent sembler utopiques, déconstruire des mythes et inciter à la désinhibition. Elle s'intéresse à l'actualité, aux langues et aux intellectuels marginaux. Elle milite en faveur du droit à l'autodétermination des peuples et, surtout, n'arrive pas à respirer sans indépendance.

David Goudreault

Premier Québécois à remporter la Coupe du monde de slam de poésie, David Goudreault prend la parole et rend l'écoute. Travailleur social de formation, il tente de rendre la poésie accessible en tant qu'outil d'expression et d'émancipation dans les écoles et les centres de détention. Il est le porte-parole du Conseil de la souveraineté du Québec en Estrie.

Emilie Guimond-Bélanger

Emilie Guimond-Bélanger détient un baccalauréat en service social et un certificat en sociologie de

l'Université Laval. Militante à Québec solidaire (QS) depuis 2008, elle a été candidate dans la circonscription de Beauce-Nord, porte-parole de l'association de campus de QS à l'Université Laval, pour ensuite s'engager comme responsable de la Commission nationale des femmes. À l'été 2011, elle a remplacé Françoise David à titre de porte-parole nationale. Elle est active dans le mouvement étudiant ainsi que dans plusieurs rassemblements de jeunes féministes au Canada et en Europe. Ses intérêts pour la coopération internationale se sont concrétisés en Inde et au Ghana.

KATHLEEN GURRIE

Kathleen Gurrie a un père anglophone et une mère francophone. Elle a été ballottée pendant son enfance entre le bord du fleuve et les Rocheuses. Elle était trop jeune pour voter en 1995, mais elle se souvient de la mort de Félix Leclerc. Kathleen Gurrie est québécoise, détient une maîtrise en littérature et a fait des études professionnelles en médias interactifs. Elle a mis au monde deux beaux enfants, qu'elle s'efforce d'écouter, et gagne sa vie comme conceptrice-scénariste à Montréal.

MAKA KOTTO

Maka Kotto est né au Cameroun. Il est acteur, metteur en scène, auteur et humoriste. Député du Bloc québécois à la Chambre des communes, il a été le premier souverainiste québécois d'origine africaine à se faire élire au Parlement d'Ottawa. Depuis 2008, il est député du Parti québécois à l'Assemblée nationale du Québec. La souveraineté du Québec, la justice sociale, la défense de la langue française et de la culture sont à la base de son engagement politique.

Yanek Lauzière-Fillion

Yanek Lauzière-Fillion est animateur en enseignement du français langue seconde au cégep du Vieux-Montréal. Il est titulaire d'une maîtrise en histoire de l'art de l'UQAM et parle le français, l'anglais et l'italien. Il milite activement pour le parti politique Option nationale depuis sa fondation et sera candidat pour ce parti dans la circonscription de Crémazie lors des prochaines élections provinciales.

Maxime Le Flaguais

Maxime Le Flaguais a suivi de nombreuses formations théâtrales, télévisuelles et cinématographiques, qui lui ont ainsi donné la chance de travailler dans ces trois domaines artistiques. Depuis 2010, il est sur les ondes de Radio-Canada dans la télésérie *Trauma* (Fabienne Larouche) où il incarne Éric Lanoue, résident à l'urgence. Il a également incarné le rôle-titre du film *Piché : entre ciel et terre*. En février 2013, il incarnera Alex de Large dans l'adaptation québécoise de la pièce de théâtre *Orange mécanique*, tirée du roman d'Anthony Burgess et inspirée du film de Stanley Kubrick, qui sera présentée à l'Olympia de Montréal.

HUBERT LEMIRE

Hubert Lemire est comédien au théâtre et au cinéma. Il affectionne particulièrement le théâtre de création, qui l'amène à se produire sur plusieurs scènes du Québec et de la France. On l'a entre autres vu dans *Pierre-Luc à Isaac à Jos*, de Cédric Landry, *Je voudrais crever*, de Marc-Antoine Cyr, *Les Mauvaises Herbes*, de Jasmine Dubé, *Rouge Gueule*, d'Étienne Lepage, *Le Radeau*, de Rébecca Déraspe, et *À l'Ouest*, de Nathalie Fillion.

TANIA LONGPRÉ

Tania Longpré est une enseignante de francisation qui tente tant bien que mal d'aller plus loin que l'apprentissage du français avec ses élèves. Elle souhaite leur enseigner le Québec et leur transmettre sa passion pour sa patrie. L'immigration, la francisation, l'éducation et la linguistique constituent ses sujets de prédilection.

ROBERT MCKENZIE

Robert McKenzie est né en Écosse en 1933. Journaliste, il détient un Master of Arts de l'Université d'Édimbourg (1954), a été pensionnaire de l'Institut français d'Écosse à Édimbourg de 1951 à 1954, puis diplômé de traduction de l'Université de Montréal en 1957. Jeune, il a brièvement travaillé comme enseignant, vendeur de bibles et traducteur. Il a été journaliste au Québec et à l'étranger pour le *Toronto Star*, *The Gazette*, le poste CJAD, l'Agence France-presse et la radio des Nations unies. Il a vécu en France, en Algérie et au Congo (ex-belge) et partage actuellement son temps entre le Québec et l'Écosse.

Maria Mourani

 Criminologue et sociologue de formation, Maria Mourani a fait ses études supérieures à l'Université de Montréal. Elle est l'auteure de deux livres sur les gangs de rue : *La Face cachée des gangs de rue* (2006) et *Gangs de rue inc.* (2009). Depuis janvier 2006, elle est députée fédérale de la circonscription d'Ahuntsic sous la bannière du Bloc québécois. Porte-parole en matière de sécurité publique et de justice, elle défend plusieurs autres dossiers tels que l'environnement, la condition féminine, les transports et la langue. Elle a d'ailleurs participé à la fondation du Mouvement Montréal français en 2006.

Justine Patenaude

 Justine Patenaude est diplômée de l'École des sciences de la gestion de l'UQAM. Elle travaille actuellement auprès de la CSST, où elle réfléchit aux meilleures stratégies pour ramener en emploi les travailleurs accidentés du Québec. Elle est convaincue et persévérante, comme tout bon militant indépendantiste. Elle ne se reconnaît pas dans son pays actuel et aimerait devenir citoyenne de la République démocratique du Québec.

Nic Payne

Artiste de scène atypique, délibérément et obstinément absent des canaux officiels de diffusion et de promotion mais néanmoins accompagné d'un public assidu, Nic Payne a plus d'une fois fait le tour (ou presque!) du Québec. Quelque part entre plus de mille soirs ainsi passés à chanter et à jouer de la guitare, il a aussi entrepris de réfléchir et d'écrire assidûment sur son pays, dont il souhaite l'indépendance. Ses textes sont publiés dans Vigile.net et occasionnellement dans les journaux traditionnels.

Yann Perreau

Né en 1976, autodidacte, Yann Perreau est auteur-compositeur-interprète et artiste multidisciplinaire.

Amélie Prévost

Amélie Prévost est comédienne. Ses principales réalisations professionnelles relèvent du théâtre et de la télévision. Toutefois, récemment, la scène slam du Québec a été au centre de ses occupations, ce qui nous permet ici de lui accoler également le titre de poète.

Geneviève Rochette

Depuis sa sortie de l'École nationale de théâtre en 1992, la carrière de comédienne de Geneviève Rochette a souvent été nourrie par des projets d'écriture. Au théâtre, elle signe des créations pour le jeune public au sein du Théâtre de l'Allumette, qu'elle a cofondé avec Emmanuel Bilodeau, puis des cabarets d'humour politique avec le groupe des Zapartistes, dont elle a fait partie pendant quatre ans. Elle se vante parfois d'être d'un père québécois et d'une mère guadeloupéenne, mais s'afflige plus souvent d'être doublement colonisée !

Simon-Pierre Savard-Tremblay

Né à Québec en 1988, Simon-Pierre Savard-Tremblay a obtenu un baccalauréat collégial en sciences économiques et sociales. Il est également détenteur d'un baccalauréat en science politique de l'Université de Montréal et est présentement candidat à la maîtrise en sociologie à l'UQAM. Simon-Pierre a été président de l'aile jeunesse du Bloc québécois de septembre 2010 jusqu'en mars 2012.

Ghislain Taschereau

Ghislain Taschereau est bachelier en théâtre. Il a amorcé sa carrière d'humoriste en 1989, dans l'émission 100 LiMiTE (TQS), puis avec les Bleu Poudre. Ghislain est aussi écrivain, comédien, narrateur, réalisateur et monteur. Mais il préfère le titre d'« individu ».

Jonathan Thuot

Né à Saint-Lin, entre un bœuf et un âne, cet illustre inconnu a commencé très jeune à composer des histoires. Il n'est donc pas étonnant qu'il ait entamé des études en littérature, jusqu'à l'obtention d'une maîtrise en études françaises à l'Université de Montréal. Indépendantiste convaincu, son rêve de faire du Québec un pays ne l'a jamais quitté.

Guillaume Wagner

Guillaume Wagner est un humoriste qui fait dans l'humour social trash. Gagnant de l'Olivier découverte de l'année en 2011, Révélation Juste pour rire de l'année en 2011 et Nez d'or révélation de l'année au grand rire 2010, son premier spectacle est un des plus attendus du milieu de l'humour. Souverainiste engagé n'ayant pas la langue dans sa poche, son franc-parler devrait faire partie du paysage artistique pendant les années à venir.

CRÉDITS PHOTOGRAPHIQUES

Jean-Martin Aussant : © Damián Siqueiros

Louise Beaudoin : © Parti québécois

Emmanuel Bilodeau : © Emmanuel Bilodeau

Serge Bonin : © Maxime Tremblay

Françoise David : © Québec solidaire

Catherine Dorion : © Mathieu Breton

Joannie Dupuis : © Joannie Dupuis

Catherine Fillion-Lauzière : © Studio Halloum

David Goudreault : © Jean-François Dupuis

Emilie Guimond-Bélanger : © Québec solidaire

Kathleen Gurrie : © Florin Gabor

Maka Kotto : © Assemblée nationale du Québec

Yanek Lauzière-Fillion : © Claude Levac

Maxime Le Flaguais : © Maxime Côté

Hubert Lemire : © Maxime Côté

Tania Longpré : © Véronique Gauthier

Robert McKenzie : © Steve Roy

Maria Mourani : © Photographe officiel de la campagne
électorale nationale 2008 du Bloc québécois

Pierre Curzi : © Parti québécois

Justine Patenaude : © Studio Halloum

Cet ouvrage a été composé en Minion 12/14
et achevé d'imprimer en juillet 2012 sur les presses de
Marquis imprimeur, Québec, Canada.

certifié   procédé
sans chlore   100 % post-
consommation   archives
permanentes   énergie
biogaz

Imprimé sur du papier 100 % postconsommation, traité sans chlore,
accrédité Éco-Logo et fait à partir de biogaz.